Meistererzählungen vom Mittelalter

HISTORISCHE ZEITSCHRIFT

Beihefte
(Neue Folge)

Herausgegeben von Lothar Gall

Band 46

R. Oldenbourg Verlag München 2007

Frank Rexroth
(Hrsg.)

Meistererzählungen vom Mittelalter

Epochenimaginationen und Verlaufsmuster in der Praxis mediävistischer Disziplinen

R. Oldenbourg Verlag München 2007

Bibliografische Information Der Deutschen Nationalbibliothek
Die Deutsche Nationalbibliothek verzeichnet diese Publikation in der Deutschen Nationalbibliografie; detaillierte bibliografische Daten sind im Internet über <http://www.dnb-d-nb.de> abrufbar.

© 2007 Oldenbourg Wissenschaftsverlag GmbH, München
Rosenheimer Straße 145, D-81671 München
Internet: oldenbourg.de

Das Werk einschließlich aller Abbildungen ist urheberrechtlich geschützt. Jede Verwertung außerhalb der Grenzen des Urheberrechtsgesetzes ist ohne Zustimmung des Verlages unzulässig und strafbar. Das gilt insbesondere für Vervielfältigungen, Übersetzungen, Mikroverfilmungen und die Einspeicherung und Bearbeitung in elektronischen Systemen.

Umschlagentwurf: Dieter Vollendorf
Gedruckt auf säurefreiem, alterungsbeständigem Papier (chlorfrei gebleicht).

Satz: Typodata GmbH, München
Druck und Bindung: MB Verlagsdruck M. Ballas, Schrobenhausen

ISBN: 978-3-486-64450-0

Inhalt

Vorwort VII

Meistererzählungen und die Praxis der Geschichtsschreibung.
Eine Skizze zur Einführung. Von *Frank Rexroth* 1

Ursprungserzählungen und Gegenbilder. Das archaische Frühmittelalter. Von *Walter Pohl* 23

Die Periodisierung der lateinischen Literatur des Mittelalters –
literaturwissenschaftliche Meistererzählungen als axiomatische und
narrative Muster der Objektkonstitution und Strukturbildung.
Von *Thomas Haye* 43

Jahreszeiten, Blütezeiten: Meistererzählungen für die Literaturgeschichte? Von *Klaus Grubmüller* 57

Meistererzählungen und Meistergesänge. Geschichte und
Aufführungen der Musik des Mittelalters. Von *Oliver Huck* 69

Zaubermärchen, Mythos und symbolische Figuren im sowjetischen
und postsowjetischen historischen Metanarrativ.
Von *Michail A. Bojcov* 87

„Multiple Middle Ages" – konkurrierende Meistererzählungen
und der Wettstreit um die Deutung der Vergangenheit.
Von *Patrick J. Geary* 107

Autorenverzeichnis 121

Vorwort

Die „Meistererzählungen vom Mittelalter" habe ich gemeinsam mit den Kollegen Patrick J. Geary (University of California, Los Angeles), Walter Pohl (Wien), Klaus Grubmüller und Thomas Haye (beide Göttingen) am 15. September 2004 auf dem Kieler Historikertag vorstellen und diskutieren können. Ich bin dankbar dafür, daß sich Oliver Huck (Hamburg) und Michail A. Bojcov (Moskau) bereit erklärten, die Druckfassung der Kieler Vorträge durch eigene Studien zu bereichern. Lars Martin Franke, Mona Knorr, Ingo Trüter und Dr. Dorothea Weltecke unterstützten die Fertigstellung des Manuskripts tatkräftig.

Lothar Gall erklärte sich freundlicherweise zur Aufnahme in die Reihe der HZ-Beihefte bereit. Auch ihm gebührt hierfür herzlicher Dank.

Göttingen, im Oktober 2006 *Frank Rexroth*

Meistererzählungen und die Praxis der Geschichtsschreibung

Eine Skizze zur Einführung

Von

Frank Rexroth

I.

Von „Meistererzählungen" ist während der vergangenen Jahre in der öffentlichen Debatte und in fachwissenschaftlichen Auseinandersetzungen häufig die Rede gewesen. Man hat den Begriff meist polemisch gebraucht, ob man nun in der Presse bestimmte Meinungen als ideologisch brandmarkte[1] oder ob man in der wissenschaftlichen Auseinandersetzung darauf verweisen wollte, daß Forschungen auf unausgesprochenen Vorannahmen über historischen Wandel beruhen können[2]. Noch ganz jung ist der Versuch, den Begriff so zu fassen, daß aus dem Kampfinstrument der öffentlichen und der fachwissenschaftlichen Debatten ein Werkzeug für die wissenschaftliche Beschäftigung mit der Praxis der Geschichtsschreibung wird.[3]

Hierzu soll unser Band einen Beitrag leisten. In der folgenden Einleitung wird dabei zunächst danach zu fragen sein, worum es geht, wenn gegenwärtig in den Kulturwissenschaften vom Wirken von Meistererzählungen die Rede ist (II.). Daß der Begriff voraussichtlich auch weiterhin seine polemische Spitze behalten wird, ist darauf zurückzuführen, daß die Fragen nach der narrativen Qualität von Geschichtsschreibung im Zusammenhang von Auseinandersetzungen erörtert wurden (und werden), die das disziplinäre Selbstverständnis der Wissenschaftler im Kern betreffen. Dies am Beispiel der Historie zu zeigen, ist der Zweck des folgenden Teils (III.). Hierauf folgen Reflexionen darüber, welcher Stellenwert innerhalb solcher Forschungen denjenigen Meistererzählungen zukommt, die die mittelalterliche Ver-

---

[1] *Franz Walter*, Zu Risiken und Nebenwirkungen einer Mittelschicht-Utopie, in: Spiegel-online vom 23. Februar 2006; www.spiegel.de/politik/debatte/0,1518,401847,00.html (Aug. 2006). Als „wunderschöne große Erzählung" in der Tradition der „großen Ideologien des 19. und 20. Jahrhunderts" wird dort das Ideal der Zivilgesellschaft entlarvt.
[2] *Michael Geyer/Konrad H. Jarausch*, Zerbrochener Spiegel. Deutsche Geschichten im 20. Jahrhundert. München 2005.
[3] Literaturangaben insbesondere unten in Anm. 13 und 22.

gangenheit Europas betreffen. Dabei sollen die Beiträge dieses Bandes zugleich in die Kontexte eingeordnet werden, die im zweiten und dritten Abschnitt umrissen worden sind (IV.).

II.

Im Augenblick dürfte jeder Student einer historisch ausgerichteten Wissenschaft, der sich für die Leitfragen seines Faches interessiert, auf die jüngeren Debatten über die Probleme der Narrativität in den Kulturwissenschaften aufmerksam werden.[4] Schon seit Droysen, das heißt seit der Professionalisierung der Historie, hatte man die Praxis des Geschichtsschreibers nicht mehr als kunstvolle Präsentation wahrer Begebenheiten, sondern als ein forschendes Verstehen unter Befolgung eines fachspezifischen Methodenkanons bestimmt. Literarisch-rhetorische Strukturen, so glaubte man nun, mochten Werke zwar kunstvoller erscheinen lassen, doch deren wissenschaftliche Substanz werde hiervon kaum berührt[5]; ja führende Vertreter der deutschen Geschichtswissenschaft vertraten in der Zwischenkriegszeit sogar die Anschauung, daß ein zu starkes Augenmerk aufs Ästhetische und, damit verbunden, auf den Erfolg beim breiten Publikum charakteristischerweise

---

[4] *Elizabeth A. Clark,* History, Theory, Text. Historians and the Linguistic Turn. Cambridge, Mass./London 2004; *Ute Daniel,* Kompendium Kulturgeschichte. Theorien, Praxis, Schlüsselwörter. 4. Aufl. Frankfurt am Main 2004, 430–443; *Ludolf Herbst,* Komplexität und Chaos. Grundzüge einer Theorie der Geschichte. München 2004, 145–175; *Mary Fulbrook,* Historical Theory. London/New York 2002, 53–73; *Gérard Noiriel,* Die Wiederkehr der Narrativität, in: Joachim Eibach/Günther Lottes (Hrsg.), Kompass der Geschichtswissenschaft. Ein Handbuch. Göttingen 2002, 355–370; *Michael Stanford,* An Introduction to the Philosophy of History. Malden, Mass./Oxford 1998, 213–226. Zum weiteren kulturwissenschaftlichen Kontext *Daniel Fulda,* Sinn und Erzählung – Narrative Kohärenzansprüche der Kulturen, in: Friedrich Jaeger/Burkhard Liebsch (Hrsg.), Handbuch der Kulturwissenschaften. Bd. 1. Stuttgart/Weimar 2004, 251–265; *Norbert Meuter,* Geschichten erzählen, Geschichten analysieren. Das narrativistische Paradigma in den Kulturwissenschaften, in: Friedrich Jaeger/Jürgen Straub (Hrsg.), Handbuch der Kulturwissenschaften. Bd. 2. Stuttgart/Weimar 2004, 140–155.
[5] Der Prozeß, in dem sich die Historie von der klassisch-romantischen Literatur und Ästhetik löst, ist der Gegenstand von *Daniel Fulda,* Wissenschaft aus Kunst. Die Entstehung der modernen deutschen Geschichtsschreibung 1760–1860. Berlin/New York 1996; vgl. *ders.,* Die Texte der Geschichte. Zur Poetik modernen historischen Denkens, in: Poetica 31, 1999, 27–60; *Wolfgang Hardtwig,* Konzeption und Begriff der Forschung in der deutschen Historie des 19. Jahrhunderts, in: Alwin Diemer (Hrsg.), Konzeption und Begriff der Forschung in den Wissenschaften des 19. Jahrhunderts. (Studien zur Wissenschaftstheorie, Bd. 12.) Meisenheim am Glan 1978, 11–26; *ders.,* Formen der Geschichtsschreibung. Varianten des historischen Erzählens, in: Hans-Jürgen Goertz (Hrsg.), Geschichte. Ein Grundkurs. Reinbek bei Hamburg 1998, 169–188; *ders.,* Historismus als ästhetische Geschichtsschreibung: Leopold von Ranke, in: Geschichte und Gesellschaft 23, 1997, 99–114.

mit mangelnder Sachkenntnis einhergingen.[6] Gleichwohl verstummten die Fragen um den Anteil des Rhetorisch-Ästhetischen an der Praxis der historischen Wissenschaften niemals wirklich ganz.

Allerdings gewann die Debatte über das Verhältnis von Forschungspraxis und erzählerischer Praxis seit den 1960er Jahren an Brisanz.[7] Mit der analytischen Philosophie, der Diskursanalyse und – im Hintergrund – der kognitiven Psychologie unterstellten ganz unterschiedliche Disziplinen zugleich, daß es gerade die Narrativierung seines Gegenstandes sei, die es dem Wissenschaftler ermögliche, seine Beobachtungen sinnhaft zu ordnen. Niemals vor dem Erscheinen von Arthur Dantos „Analytischer Philosophie der Geschichte" (1965) hatte man der seit Droysen wirksamen Annahme grundsätzlich widersprochen, daß der Geschichtsschreiber im Akt der historischen Erkenntnis die vergangene Wirklichkeit zunächst erfasse und dieser danach erst Ausdruck verleihe. Droysens strikte Trennung von „Methodik", „Systematik" und „Topik"[8] wurde mit Dantos Werk fragwürdig, denn er und andere Philosophen behaupteten nun, daß Erzählstrukturen bereits für den Prozeß der Erkenntnis selbst steuernd seien.[9] Entsprechend klang die Botschaft der Psychologen: Nicht erst, wenn wir unserer Familie beim Abendbrot von den Begebenheiten des Tages berichten, verarbeiten wir das Erlebte zu Geschichten nach vorgegebenen Mustern; vielmehr erfassen wir Ereignisse schon während des Erlebens selbst als Elemente einer Erzählung, über die wir vorher schon verfügt haben.[10] Dem wissenschaftlichen Schreiben aber

---

[6] So etwa für kurze Zeit die Historische Zeitschrift in der Ära Meinecke/Brackmann. Gezielt wurden populäre Biographien rezensiert, wobei zwei Botschaften verbreitet wurden: Einmal seien diese Werke samt und sonders „ohne den leisesten Begriff von Quellen und von deren methodischer Behandlung" entstanden. Zweitens verberge sich hinter dem Augenmerk auf gute Darstellung eine „demokratisch-sozialistische Tendenz". Beide Zitate aus der Einleitung *Wilhelm Schüßlers*, der die vernichtenden Rezensionen 1929 als Separatdruck abermals herausgab: Historische Belletristik. Ein kritischer Literaturbericht. Hrsg. v. d. Schriftleitung der Historischen Zeitschrift. München/Berlin 1929, die Zitate 6f. Dazu *Christoph Gradmann*, Historische Belletristik. Populäre historische Biographien in der Weimarer Republik. (Campus Historische Studien, Bd. 10.) Frankfurt am Main/New York 1993.
[7] Neben den Literaturtiteln in Anm. 1 auch *Hardtwig*, Formen (wie Anm. 5). Nicht nur die Kulturwissenschaften waren davon betroffen; *Greg Myers*, Making a Discovery: Narratives of Split Genes, in: Christopher Nash (Ed.), Narrative in Culture. The Uses of Storytelling in the Sciences, Philosophy, and Literature. London/New York 1990, 102–126; *Rom Harré*, Some Narrative Conventions of Scientific Discourse, in: ebd. 81–101.
[8] *Johann Gustav Droysen*, Historik. Textausgabe von Peter Leyh. Stuttgart-Bad Cannstatt 1977, 413–488.
[9] *Arthur C. Danto*, Analytische Philosophie der Geschichte. Frankfurt am Main 1980 (amerik. 1965); *Louis O. Mink*, Historical Understanding. Ed. by Brian Fay a. o. Ithaca 1987; *Paul Ricœur*, Zeit und Erzählung. Bd. 1. München 1988 (franz. 1983).
[10] *Jerome S. Bruner*, Sinn, Kultur und Ich-Identität. Heidelberg 1997 (amerik. 1990); *Theodore R. Sarbin* (Ed.), Narrative Psychology. The Storied Nature of Human Conduct. New York/Westport, Conn./London 1986; *Donald E. Polkinghorne*, Narrative Knowing and the Human Sciences. Albany 1988.

unterstellte man dies nun erst recht: Mit der Strukturierung der Darstellung selbst, mit der impliziten Orientierung an Erzählmustern – seien diese nun universal oder kulturspezifisch – bringen wir unsere historischen Erzählungen dazu, ihre eigene, im Text nicht unbedingt explizierte Interpretation gleich mitzuliefern.[11]

Der Studierende, der sich um diesen Themenkomplex bemüht, wird dabei auch jenen Begriffen begegnen, von denen eingangs die Rede war: der Rede von „Meistererzählungen" oder „Metanarrativen" („master narratives", „méta récits", „grands récits"). Fungieren diese Begriffe in den weiteren Debatten der politischen Öffentlichkeit als Chiffren für Glaubenswahrheiten aller Art, die unbefragt hingenommen werden (und die dabei schlimmstenfalls von geheimen Verführern in Umlauf gebracht worden sind), so verwendet man sie im Rahmen der historisch-kulturwissenschaftlichen Theoriediskussion seit einiger Zeit dort, wo die Möglichkeiten und Grenzen bzw. die ideologischen Implikationen von Geschichtsschreibung zur Disposition stehen. Dabei ist die Rede von den Meistererzählungen zunächst gar keine Domäne der historischen Wissenschaften gewesen. Abermals waren es die Philosophen, die während der späten 1970er Jahre den Begriff in die Debatte über den Ort der Wissenschaften in den heutigen Gesellschaften einbrachten; von dort ausgehend erlangte er Relevanz für alle Disziplinen, in denen man über die Moderne reflektierte.[12]

Die wissenschaftliche Einführungsliteratur belehrt darüber, daß es eben jene Meistererzählungen sind, die die Grundstruktur der historischen Erzählung diktieren.[13] Indem sie die Vorstellungen von epochalen historischen

---

[11] Der international einflußreichste Beitrag zur Debatte war *Hayden White*, Metahistory. Die historische Einbildungskraft im 19. Jahrhundert in Europa. Frankfurt am Main 1994 (amerik. 1973). Vgl. Whites weitere Arbeiten, insbesondere *ders.*, Die Bedeutung der Form. Erzählstrukturen in der Geschichtsschreibung. Frankfurt am Main 1990. Whites Werk wurde von den Historikern spät, aber dann doch recht intensiv rezipiert, insbesondere in Deutschland, wie man im internationalen Vergleich festgestellt hat. Als dauerhafter, gründlicher und kritischer sollte sich aber die literaturwissenschaftliche Auseinandersetzung erweisen; *Richard T. Vann*, The Reception of Hayden White, in: History and Theory 37, 1998, 143–161.

[12] Zu Jean-François Lyotard siehe unten bei Anm. 39–44.

[13] *Gabriel Motzkin*, Das Ende der Meistererzählungen, in: Eibach/Lottes (Hrsg.), Kompass (wie Anm. 4), 371–387, hier 371. Vgl. *Daniel*, Kompendium Kulturgeschichte (wie Anm. 4), 154f. Ebd. 440 ist die Rede davon, daß historische Darstellungen implizit oder explizit „geschichtsphilosophischen Linienführungen" folgen, die im Sinne Jean-François Lyotards als „große [...] Erzählungen" anzusehen seien. Lynn Hunt versteht unter einer Metaerzählung „eine Erzählung, die eine Reihe von anderen Geschichten ordnet"; *Lynn Hunt*, Geschichte jenseits von Gesellschaftstheorie, in: Christoph Conrad/Martina Kessel (Hrsg.), Geschichte schreiben in der Postmoderne. Stuttgart 1994, 98–122, hier 113. Mary Fulbrook betont, daß man solche „meta-" bzw. „grand narratives" von Theorieangeboten unterscheiden müsse, die auf eine epochal begrenzte Reichweite zielen („theories of the middle ground") und die verifizierbar bzw. falsifizierbar sind. Auf diese

Veränderungen in sich aufgenommen haben, ermöglichen sie, historisches Wissen zu ordnen, Gewichtungen vorzunehmen und Urteile über die Relevanz beobachteter Tatsachen zu äußern. Sie sind kohärent und mit einer eindeutigen Perspektive ausgestattet, sie zielen auf langfristig dominante Entwicklungslinien, reduzieren die Komplexität kultureller Zusammenhänge auf ein einfaches Schema und machen historische Prozesse damit erzählbar. Dies sind im wesentlichen die Definitionselemente, die sich aus den bisher vorliegenden Studien destillieren lassen.[14]

Die Rede von den Meistererzählungen beruht auf jenen Positionen der Narrativitätsforschung, die oben skizziert wurden: Forschende Wissenschaftler ‚beobachten' ihren Gegenstand nicht voraussetzungslos, und sie ‚interpretieren' bzw. ‚organisieren' nicht erst das Resultat ihrer Beobachtungen. Vielmehr steuern Deutungsschemata und Denkstile, die sie bereits vorgefunden haben und die sich auf die Veränderung der Welt beziehen, bereits jegliche Wahrnehmung der Vergangenheit selbst. Meistererzählungen wirken dann, wenn Forscher die Komplexität beobachteter Phänomene oder die Kontingenz historischer Situationen mittels eines eingängigen diachronen Schemas in eine sinnhafte Ordnung überführen.

Häufiger implizit als explizit liegen sie historischen Arbeiten zugrunde. Manchmal freilich haben Forscher, die einen hohen Anspruch auf Erklärung historischen Wandels erhoben haben, den Kern ihres Verständnisses in prägnanten, sozusagen zum Zweck künftigen Zitiertwerdens verfaßten Formulierungen festgehalten. Sie waren dann darauf ausgerichtet, historischen Wandel klar, um nicht zu sagen: eindeutig zu motivieren. Dabei konnten sie unterschiedliche Strategien anwenden. So mochten sie einmal allen Wandel essentialistisch auf ein ursächliches metahistorisches Prinzip zurückführen. Dies tat beispielsweise Walter Ullmann, als er in einem allgemein gehaltenen

---

Abgrenzung wird zurückzukommen sein, siehe bei Anm. 36; *Fulbrook*, Historical Theory (wie Anm. 4), 58; ebd. 62, zu den besagten Theorien mittlerer Reichweite. Alan Megill will die Lyotard'sche Nomenklatur modifizieren; er hält den Begriff „Meistererzählung" dann für angebracht, wenn eine „vision of coherence" regiere – insbesondere wenn diese breit genug angelegt sei, um Ansprüche auf Objektivität zu untermauern; *Alan Megill*, Grand Narrative and the Discipline of History, in: Frank Ankersmit/Hans Kellner (Eds.), A New Philosophy of History. Chicago 1995, 151–173. Konrad Jarausch und Martin Sabrow verstehen unter einer Meistererzählung „eine kohärente, mit einer eindeutigen Perspektive ausgestattete und in der Regel auf den Nationalstaat ausgerichtete Geschichtsdarstellung, deren Prägekraft nicht nur innerfachlich schulbildend wirkt, sondern öffentliche Dominanz erlangt". Ergänzen muß man aus dem Fortgang ihrer Ausführungen, daß solche Metanarrative ihren Erfolg aus ihrer Verankerung in weiten, auch außerwissenschaftlichen Sinnhorizonten beziehen, etwa einen engen „Bezug zu den sozialen Praxen der Traditionsstiftung und Geschichtspolitik" aufweisen; *Konrad H. Jarausch/ Martin Sabrow*, „Meistererzählung" – Zur Karriere eines Begriffs, in: Konrad H. Jarausch/Martin Sabrow (Hrsg.), Die historische Meistererzählung. Deutungslinien der deutschen Nationalgeschichte nach 1945. Göttingen 2002, 9–31; die Zitate auf S. 16 u. 18.
[14] Insbesondere *Jarausch/Sabrow*, „Meistererzählung" (wie Anm. 13).

Referat über die Erforschung des mittelalterlichen Rechts 1960 formulierte: „The history of the Middle Ages is the unfolding in space and time of the idea of law and right."[15] Sie mochten zweitens zwei einander widerstreitende metahistorische ‚Kräfte' den Gang der Geschichte dialektisch bestimmen lassen – „Einheit" gegen „Freiheit", „Genossenschaft" gegen „Herrschaft". Diese Denkrichtung war in der ferneren Vergangenheit der deutschen Forschungsgeschichte weit verbreitet. Im 19. Jahrhundert schilderten liberale Verfassungs- und Rechtshistoriker mit ihrer Hilfe die deutsche Geschichte von ihren in germanischer Zeit vermuteten Anfängen über Mittelalter und Neuzeit „als eine zweitausend Jahre überspannende Gesamtentwicklung", wie Wolfgang Mager dies jüngst formuliert hat.[16] Die erfolgreichste Ausarbeitung dieser Meistererzählung war Otto von Gierkes Geschichte des Genossenschaftsrechts.[17] Mager hat gezeigt, auf welche Weise Gierke die Annahme zweier gegensätzlicher Ordnungsprinzipien in ein Verlaufsmuster überführte: Die Antinomie zweier systematischer Ordnungskriterien („Herrschaft" und „Genossenschaft") wurde durch Gierkes Erzählung in eine dialektische Abfolge „genossenschaftlich" und „herrschaftlich" bestimmter Epochen überführt!ized[18] Meistererzählungen mögen drittens darauf beruhen, daß historischer Wandel von einem oder mehreren essentiellen innerhistorischen Fluchtpunkten aus erklärt wird. So hat Heinrich August Winkler unlängst die deutsche Vormoderne charakterisiert: Das Reich, so der Verfasser in seiner Synthese von 2002, sei eine von drei „Grundtatsachen", die die deutsche Geschichte durch viele Jahrhunderte hindurch geprägt hätten. Als die anderen galten für ihn die Glaubensspaltung des 16. Jahrhunderts und der Gegensatz zwischen Österreich und Preußen.[19]

---

[15] *Walter Ullmann*, Law and the Medieval Historian, in: Rapports XIe Congrès international des sciences historiques III. Stockholm 1960, 34–74, hier 72.
[16] *Wolfgang Mager*, Genossenschaft, Republikanismus und konsensgestütztes Ratsregiment. Zur Konzeptionalisierung der politischen Ordnung in der mittelalterlichen und frühneuzeitlichen deutschen Stadt, in: Luise Schorn-Schütte (Hrsg.), Aspekte der politischen Kommunikation im Europa des 16. und 17. Jahrhunderts. (Historische Zeitschrift, Beihefte, NF. Bd. 39.) München 2004, 13–122, das Zitat 21. Vgl. *Ernst-Wolfgang Böckenförde*, Die deutsche verfassungsgeschichtliche Forschung im 19. Jahrhundert. Zeitgebundene Fragestellungen und Leitbilder. (Schriften zur Verfassungsgeschichte, Bd. 1.) Neuaufl. Berlin 1995.
[17] *Otto Gierke*, Das deutsche Genossenschaftsrecht. 4 Bde. Berlin 1868–1913. Dazu *Otto Gerhard Oexle*, Otto von Gierkes „Rechtsgeschichte der deutschen Genossenschaft". Ein Versuch wissenschaftsgeschichtlicher Rekapitulation, in: Notker Hammerstein (Hrsg.), Deutsche Geschichtswissenschaft um 1900. Wiesbaden 1988, 193–217.
[18] *Mager*, Genossenschaft (wie Anm. 16), v. a. 38f., 42, 44, 46ff.
[19] *Heinrich August Winkler*, Der lange Weg nach Westen. Deutsche Geschichte vom Ende des Alten Reiches bis zum Untergang der Weimarer Republik. 2 Bde. 4. Aufl. München 2002, hier Bd. 1, 5. Vgl. *Michael Borgolte*, Königsberg – Deutschland – Europa. Heinrich August Winkler und die Einheit der Geschichte. Festvortrag anlässlich des 65. Geburtstages. Berlin 2004.

Diejenigen Forscher, die an der Narrativitätsdebatte in den Kulturwissenschaften weniger Anteil nahmen, dürften von der Prominenz des Themas „Meistererzählung" in der wissenschaftlichen Einführungsliteratur und in den neueren Studien zur Theorie der Kulturwissenschaften eher überrascht worden sein, denn die Forschungslage zur Wirkung der „Großen Erzählungen" in der Praxis der Geschichtsschreibung ist im ganzen gesehen eher diffus. Äußerungen über Meistererzählungen stehen gegenwärtig eher nebeneinander, als daß sie aufeinander Bezug nähmen; der Zwang zur Selbstverortung angesichts der Narrativitätsdebatte reizt Autoren dazu, Fundamentalpositionen im Hinblick auf die Bedingungen historischer Erkenntnis nach dem „linguistic turn"[20] einzunehmen oder die Apologie jener Meistererzählungen zu betreiben, ohne die Geschichtsschreibung und damit kulturelle Identität angeblich unmöglich seien.[21] Ganz ähnlich wie eine in Leipzig entstandene Serie von Studien vornehmlich über ostmitteleuropäische Metanarrative[22] ist auch eine jüngere Sammlung von Studien, die Konrad Jarausch und Martin Sabrow herausgegeben haben, von dem Versuch geprägt, das Thema für die praktische Arbeit des Historikers überhaupt erst zu dimensionieren.[23] Offenbar wurden beide Projekte durch die politische Situation angeregt, die mit den Umbrüchen seit 1989 gegeben war: Die Verschiedenartigkeit der Narrative in Ost- und Westdeutschland, in Ostmittel- bzw. in Mittel- und Westeuropa, die eigenartigen Brechungen, die die nationalen Geschichtsmuster unter dem Vorzeichen des marxistischen Internationalismus erfuhren, provozierten den Austausch über Geschichtsschreibung auf einer Abstraktionsebene, die einerseits die Wechselwirkung zwischen politischen Beeinflussungen, historiographischer Produktion und den Bedürfnissen der Leserschaft nach historischer Orientierung sichtbar machte, andererseits aber nicht bei der Feststellung der bekannten ideologischen Positionen stehenblieb.

Diese Fixierung auf Meistererzählungen, die die Entwicklung der modernen Nationalstaaten begleiteten, hat den vorliegenden Fallstudien zur Situation nach 1989 zwar eine relativ hohe Kohärenz und willkommenen Wissenstransfer aus den benachbarten Forschungsbereichen über „Geschichtspolitik" und „nationale Erinnerungsorte" beschert, sie hat dabei aber freilich auch zu zahlreichen Ausblendungen geführt. So aufschlußreich die Einsichten in die Relationen von wissenschaftlicher Forschung, politischen

---

[20] Dazu siehe unten bei Anm. 38-44.
[21] *Motzkin*, Ende der Meistererzählungen (wie Anm. 13); *Jörn Rüsen*, Einleitung: Für eine interkulturelle Kommunikation in der Geschichte, in: ders./Michael Gottlob/Achim Mittag (Hrsg.), Die Vielfalt der Kulturen. (Erinnerung, Geschichte, Identität, Bd. 4.) Frankfurt am Main 1998, 12-36, hier 23ff.
[22] Veröffentlicht in Comparativ: Leipziger Beiträge zur Universalgeschichte und vergleichenden Gesellschaftsforschung 10/2, 2000, 7-107.
[23] *Jarausch/Sabrow* (Hrsg.), Die historische Meistererzählung (wie Anm. 13).

Beeinflussungen und der Erinnerungskultur der weiteren Öffentlichkeit auch waren, so blieb der entscheidende Kontext, der das Thema gegenüber älteren ideologiegeschichtlichen Studien auf eine neue Stufe hebt, ausgespart: nämlich die transdisziplinäre Auseinandersetzung mit der Praxis des wissenschaftlichen Erzählens. Auch läßt sich die sachliche Beschränkung von Studien auf die Welt der modernen Nationalstaaten keineswegs begründen, denn fraglos sind auch außerhalb der Nationalgeschichten Meistererzählungen wirksam gewesen. Hierauf wird unten weiter einzugehen sein. Ganz gleich, mit welchem Gegenstandsbereich oder welcher Epoche man zu tun hat: Grundsätzlich wird man überall mit der steuernden Funktion „großer" Erzählungen rechnen können, wo man Wissensbestände in historischer Perspektive auswählt, gewichtet und ‚Geschichten' daraus fertigt.

III.

Es wird wohl auch künftig dabei bleiben, daß die Rede von den Meistererzählungen im wissenschaftlichen Diskurs in polemischer Absicht gebraucht werden wird. Dies liegt daran, daß man, indem man diese Rede führt, automatisch zu drei sehr grundsätzlichen epistemologischen Problemen Stellung nimmt.

Deren *erstes* betrifft die Neigung bestimmter wissenschaftlicher Milieus, den Erzählcharakter von Historiographie ganz generell als Ausweis für die Unwissenschaftlichkeit (oder besser: Vor-Wissenschaftlichkeit) konkurrierender wissenschaftlicher Traditionen zu nehmen – eine Neigung, die mit den oben angedeuteten Stimmen keineswegs verstummt ist.[24] Insbesondere dort, wo sich Schulen und Forschungsrichtungen während des 20. Jahrhunderts für die Verwissenschaftlichung der Historie, die Schärfung methodischer Sensibilität und die Steigerung des allgemeinen Reflexionsniveaus engagierten, neigte man zur Abwertung des Narrativen. Besonders verbreitet war diese szientistische Haltung zunächst im Milieu der französischen Sozialgeschichtsforschung, die man allgemein als die „Schule der Annales" bezeichnet, und später im Kontext der deutschen „Historischen Sozialwissenschaft".

Die Historiker der „Annales" wurden in ihrer Methodenreflexion über mehrere Generationen hinweg von einem starken antipositivistischen Impuls angetrieben. Ihre Hauptgegnerin blieb die „Ereignisgeschichte" bzw. die von sozialen Dimensionen losgelöste Politikgeschichte, insbesondere deren Vorverständnis, daß die Historie im Unterschied zu den Sozialwissenschaften keine Wissenschaft vom Allgemeinen, Strukturellen und Langan-

---

[24] Siehe oben bei Anm. 6.

dauernden, sondern vom Besonderen sei.²⁵ Schon für Marc Bloch lauteten die Schlüsselbegriffe für die Reform der Geschichtswissenschaften „Analyse" und „Vergleich"; in der Erzählung sah er den Widerpart zu beiden. Die Geschichtswissenschaft, so Bloch, sei „zwar alt in der embryonalen Form einer lange von Fiktionen überwucherten und noch länger auf unmittelbar fassbare Ereignisse fixierten Erzählung, aber noch sehr jung als rationale, analytische Unternehmung".²⁶ In seinem Plädoyer für die Beachtung der „longue durée" sollte Fernand Braudel den Historikern vorwerfen, daß sie sich so gerne den kurzen Zyklen des menschlichen Handelns verschrieben, weil sie gerne selbst die Regisseure der von ihnen erzählten Geschichte blieben; warum solle der Historiker, so fragte Braudel süffisant, „auf das Drama kurzer Zeitphasen verzichten, auf die besten Kunstmittel eines sehr alten Metiers?"²⁷ Die Ereignisgeschichte, dieser „Kadaver", so Jacques Le Goff, beruhe immer noch weitestgehend auf einer einseitigen Schilderung von Politik, auf dem Anekdotischen. Probleme, nicht Erzählungen, sollten das Arbeitsprogramm für die Historiker vorgeben.²⁸ Kurz: die Annalesisten sahen in der Erzählung „eine etwas behäbige Art der Geschichtsschreibung", die

---

²⁵ Dies gehörte zum Komment von Historikern wie Charles Seignobos oder Louis Halphen. *André Burguière*, Der Begriff der „Mentalitäten" bei Marc Bloch und Lucien Febvre. Zwei Auffassungen, zwei Wege, in: Ulrich Raulff (Hrsg.), Mentalitäten-Geschichte. Zur historischen Rekonstruktion geistiger Prozesse. Berlin 1987, 33-49. Wo die Vertreter neuer Disziplinen die Wissenschaftlichkeit ihres Metiers durch Abgrenzung von der altehrwürdigen Historie unter Beweis stellen wollten, konnten sie dieses Verständnis von Geschichtswissenschaft gegen die Historiker ins Feld führen. Dies tat etwa, als einer der Wegbereiter der Soziologie, Emile Durkheim: „Für den Historiker stellen die einzelnen Gesellschaften ebensoviel verschiedene untereinander nicht vergleichbare Individualitäten dar. Jedes Volk hat seine Physiognomie, seine besondere Konstitution, sein Recht, seine Moral, seine wirtschaftliche Organisation, die einzig ihm zukommen, und jede Verallgemeinerung ist nahezu unmöglich." *Emile Durkheim*, Die Regeln der soziologischen Methode. Hrsg. v. René König. Frankfurt am Main 1984 (franz. 1895), 165. Noch im weit fortgeschrittenen 20. Jahrhundert haben sich Historiker selbst auf den Standpunkt gestellt, daß sie die Wissenschaft vom Einzigartigen betreiben: „Mit was auch, und von welcher Theorie inspiriert, der Historiker sich befaßt, von Einmaligem handelt er immer [...]" *Golo Mann*, Plädoyer für die historische Erzählung, in: Jürgen Kocka/Thomas Nipperdey (Hrsg.), Theorie und Erzählung in der Geschichte. (Beiträge zur Historik, Bd. 3.) München 1979, 40-56, hier 40.
²⁶ *Marc Bloch*, Apologie der Geschichtswissenschaft oder Der Beruf des Historikers. Hrsg. v. Peter Schöttler. Stuttgart 2002, 15.
²⁷ *Fernand Braudel*, Geschichte und Sozialwissenschaften. Die „longue durée" (franz. 1958), in: Marc Bloch/Fernand Braudel/Lucien Febvre u. a. (Hrsg.), Schrift und Materie der Geschichte. Vorschläge zur systematischen Aneignung historischer Prozesse. Frankfurt am Main 1977, 47-85, hier 55. 1966 trägt Braudel in der Neuausgabe seiner „Méditerranée" das Bekenntnis nach, er sei „vom Temperament her" Strukturalist und daher „wenig beeindruckt vom Ereignis"; *Fernand Braudel*, Das Mittelmeer und die mediterrane Welt in der Epoche Philipps II. 3 Bde. Frankfurt am Main 1990, hier Bd. 3, 460.
²⁸ *Jacques Le Goff* (Ed.), La Nouvelle Histoire. 2. Aufl. Paris 1988, dort die Einleitung zur Neuaufl., 12, 15, 16, 17.

nicht vermöge, zu einer Fragestellung vorzudringen und die „Fakten" und „Gedanken" miteinander vermenge. So François Furet 1983.[29]

Ähnliche Positionen hat man auch in der deutschen sozialwissenschaftlich geprägten Historie vertreten, die sich auf der Suche nach „Strukturen" und „Prozessen" durch ihre methodische Sensibilität und ihren Theoriebezug definierte und die dabei – abermals – ihre Andersartigkeit gegenüber der „erzählenden" Historie betonte. Angemessene Darstellungsform sei „die historische Argumentation", nicht die Erzählung, so Jürgen Kocka, einer ihrer Hauptvertreter. Reflexion lasse sich mit „flüssige[r] Eleganz" schwer vereinbaren. Man räumte gerne ein, daß es einige durchaus gelungene Werke gebe, in denen erzählend erklärt werde, gab aber zu bedenken, daß „die narrative Übersetzbarkeit der Struktur- und Prozeßgeschichte ihre Grenzen" habe.[30] Argumentative Darstellungsformen entsprächen „der Sozialgeschichte stärker als erzählende".[31]

In der Tat haben Erzählforscher ganz im Sinne dieser Vorbehalte darauf hingewiesen, was die Erzählform eines Textes leisten kann: nämlich den Gegenstand des Textes einer bestimmten „Plotstruktur" zu unterwerfen und so zu bewirken, daß die Erzählung über den Bericht des Faktischen hinaus ihre eigene Bedeutung (und möglicherweise noch weiterreichende ideologische Implikationen) unausgesprochen, sozusagen subkutan mittransportiert. Dagegen wollten die Vertreter der Historischen Sozialwissenschaft die theoretisch fundierte Geschichtswissenschaft stark machen: Dort nämlich, so ihre Ansicht, sei der Forscher gezwungen, durch die Explikation seiner Vorannahmen seine Karten auf den Tisch zu legen, mithin seine Thesenbildung auch auf der Metaebene der Konzepte und Modelle einseh- und überprüfbar zu machen. Im erneuten Interesse an der erzählerischen Praxis der Geschichtsschreibung, wie sie seit den späten 1970er Jahren programmatisch wieder eingefordert wurde, konnte man daher lange Zeit nur Modeströmungen sehen, die „der warme Wind des Neo-Historismus" herangetragen habe.[32]

---

[29] *François Furet*, Beyond the Annales, in: Journal of Modern History 55, 1983, 409.
[30] *Jürgen Kocka*, Zurück zur Erzählung? Plädoyer für historische Argumentation, in: Geschichte und Gesellschaft 10, 1984, 395–408, v. a. 401f., 406.
[31] *Jürgen Kocka*, Einleitung, in: ders. (Hrsg.), Sozialgeschichte im internationalen Überblick. Ergebnisse und Tendenzen der Forschung. Darmstadt 1989, 1–17, dort 7; *ders.*, Bemerkungen im Anschluß an das Referat von Dietrich Harth, in: Hartmut Eggert/Ulrich Profitlich/Klaus R. Scherpe (Hrsg.), Geschichte als Literatur. Formen und Grenzen der Repräsentation von Vergangenheit. Stuttgart 1990, 24–28.
[32] *Kocka*, Zurück zur Erzählung (wie Anm. 30), 402. Der Autor reagierte damit auf den vielbeachteten, weil höchst polemischen Essay von *Lawrence Stone*, The Revival of the Narrative. Reflections on a New Old History, in: Past & Present 5, 1979, 3–24. Zur selben Zeit differenzierter *Wolfgang Hardtwig*, Theorie oder Erzählung – eine falsche Alternative, in: Jürgen Kocka/Thomas Nipperdey (Hrsg.), Theorie und Erzählung in der Geschichte. (Beiträge zur Historik, Bd. 3.) München 1979, 290–299.

Von diesen Vorbehalten gegen die narrativen Qualitäten der Historie war *zweitens* auch die Annahme berührt, daß es gerade die Metanarrative seien, die den Kern jener implizit mittransportierten Sinnangebote von Geschichtsschreibung ausmachten. Eigentlich hätte man erwarten können, daß die Vertreter der besagten szientistischen Wissenschaftsauffassungen das Interesse an „Meistererzählungen" für sich entdeckt hätten. Hätte man den Begriff in polemischer Absicht gebraucht, so hätte man zeigen können, wie überholt und wie epistemologisch uninformiert die ältere „Ereignis-" bzw. „Politikgeschichte" waren. In der Tat hatte sich der Begriff im Munde der Philosophen zuerst gegen die „grands récits" vergangener Zeiten gewendet: gegen das Narrativ von der Entfaltung der Vernunft im staatlichen Leben, gegen die idealistische Annahme vom sich selbst verwirklichenden Geist, gegen die liberale Fortschrittsideologie, gegen den historischen Materialismus.[33] Diese Meistererzählungen des 19. Jahrhunderts, so hat Mary Fulbrook vor kurzem argumentiert, seien noch durchtränkt gewesen von jüdisch-christlichem Erlösungsglauben.[34] Folgerichtig hätten die Verfechter der ‚neuen' Geschichtswissenschaft den „Tod der Metaerzählungen", den französische Denker mutig verkündet hatten, als eine glücklich erklommene Stufe auf dem Weg zur Versachlichung der Wissenschaften, zur Entzauberung der Welt durch Aufklärung willkommen heißen können. Jedenfalls war dies zu erwarten.

Daß es aber nicht so kam, lag daran, daß seit den 1970er Jahren gemeinsam mit den einflußreichsten „-ismen" vergangener Jahrhunderte auch Leitgedanken sozialhistorischer Forschung im 20. Jahrhundert als Meistererzählungen etikettiert wurden. Mit den „Großen Erzählungen" des 19. Jahrhunderts wurden auch die Theorien der Modernisierung haftbar gemacht, die man seit den 1970er Jahren allmählich unter Ideologieverdacht stellte, und mit ihnen abermals die Praxis, die westeuropäische Geschichte als Bewertungsmaßstab für die Entwicklung von Staaten schlechthin zu begreifen. Die Leistungen, die die Vertreter der Historischen Sozialwissenschaft erbracht hatten, gerieten unter den Verdacht, ihrerseits fragwürdigen Meistererzählungen aufzusitzen, das heißt: im Kern teleologisch zu sein. Man kritisierte, daß sie die Offenheit historischer Prozesse ignorierten, daß sie den in der Vergangenheit wirkenden Traditionalismen nicht gerecht würden und daß sie bei der Erfassung der außereuropäischen Welt hinderlich seien.[35] Für die

---

[33] *Jean-François Lyotard*, Das postmoderne Wissen. Hrsg. v. Peter Engelmann. Wien 1999 (franz. 1979), 13.
[34] *Fulbrook*, Historical Theory (wie Anm. 4), 59.
[35] Ebd. 59: die Modernisierungstheorie sei eine „säkularisierte Variante" der Fortschrittsnarrative aus dem 19. Jahrhundert. Fundamentalkritik übte früh *Hans Medick*, „Missionare im Ruderboot?" Ethnologische Erkenntnisweise als Herausforderung an die Sozialgeschichte (zuerst 1984), in: Alf Lüdtke (Hrsg.), Alltagsgeschichte. Zur Rekonstruktion historischer Erfahrungen und Lebensweisen. Frankfurt am Main 1989, 48–84. Auch die Beiträge zum Band von *Jarausch/Sabrow* (Hrsg.), Die historische Meister-

Betroffenen muß die Anschauung, daß es sich bei ihrem Theorie-Arsenal um Meistererzählungen handelte, eine enorme Provokation gewesen sein. Fulbrook, deren Monographie zur „Historical Theory" unübersehbar in der Tradition des britischen Empirizismus wurzelt, plädiert beispielsweise dafür, daß nur „große Theorien" dem „Tod der Meistererzählung" anheimfallen sollten, nicht jedoch die bescheideneren „theories of the middle ground" – diese seien ihrem Gegenstand ja wirklich angemessen![36]

Eine Erbschaft besonderer Art stellt für den Austausch über historische Meistererzählungen *drittens* die Tatsache dar, daß die Debatte reflexartig mit den Positionen des radikalen Poststrukturalismus und über diese mit dem Streit um das Ende der Moderne (also um die „Postmoderne") in Verbindung gebracht worden ist. Aufs Ganze gesehen hat die Vermengung der drei Fragen nach der narrativen Qualität von Geschichtsschreibung, nach der Existenz von Meistererzählungen und nach dem Wirklichkeitsbezug der Historie der Diskussion mehr geschadet als genützt.[37] Nicht zufällig spielt die Stellungnahme zur Wirksamkeit von „grands récits" eine prominente Rolle in der postmodernen Debatte um die Möglichkeit, Welt im Medium der Sprache adäquat abzubilden und Wissen dergestalt zu ordnen, daß sich aus seiner Darstellung Handlungsanweisungen für Gegenwart und Zukunft ziehen lassen.[38] Besondere Beachtung fand in diesem Zusammenhang eine

---

erzählung (wie Anm. 13), belegen diese Kritik. Epochale Bedeutung spricht der Abkehr von der Geschichte als „historischer Sozialwissenschaft" zu *Georg G. Iggers*, Geschichtswissenschaft im 20. Jahrhundert. Ein kritischer Überblick im internationalen Zusammenhang. Göttingen 1993, so etwa S. 75 zur ‚kulturalistischen' Wende und ihrer internationalen Geltung: „Seit der Aufklärung hat es keinen solchen gleichartigen internationalen Diskurs gegeben." Jüngst *Chris Lorenz*, Wozu noch Theorie der Geschichte? Über das ambivalente Verhältnis zwischen Gesellschaftsgeschichte und Modernisierungstheorie, in: Volker Depkat/Matthias Müller/Andreas Urs Sommer (Hrsg.), Wozu Geschichte(n)? Geschichtswissenschaft und Geschichtsphilosophie im Widerstreit. Stuttgart 2004, 117–143.

[36] *Fulbrook*, Historical Theory (wie Anm. 4), 58–62.

[37] Als Indikator kann die Polemik „zünftiger" Historiker gegen das Werk Hayden Whites dienen. Der späte Sir Geoffrey Elton sah in „Metahistory" 1990 ein Pendant zur Droge Crack und rüstete sich für den Kampf „um das Leben unschuldiger junger Menschen, die von teuflischen Versuchern hart bedrängt werden, welche behaupten, höhere Formen des Denkens und tiefere Wahrheiten und Einsichten anzubieten". Hier zitiert nach *Hans-Jürgen Goertz*, Unsichere Geschichte. Zur Theorie historischer Referentialität. Stuttgart 2001, 12. Vgl. Dazu *Stanford*, Introduction (wie Anm. 4), 223. Später schob sich der Pauschalvorwurf gegen Poststrukturalisten in den Vordergrund, die historische Wahrheit den Auschwitz-Leugnern auszuliefern; Literatur dazu bei *Daniel*, Kompendium Kulturgeschichte (wie Anm. 4), 434; *Goertz*, Unsichere Geschichte, 28; *Kevin Passmore*, Poststructuralism and History, in: Stefan Berger/Heiko Feldner/Kevin Passmore (Eds.), Writing History: Theory and Practice. London/New York 2003, 118–140.

[38] *Stephan Meier*, Art. „Postmoderne", in: Historisches Wörterbuch der Philosophie. Bd. 7. Darmstadt 1989, 1142–1146; *Daniel*, Kompendium Kulturgeschichte (wie Anm. 4), 120f.

Bilanz Jean-François Lyotards zur „Condition postmoderne", zur Relevanz von „Wissen in den höchstentwickelten Gesellschaften".[39] Da dieser Text im kulturwissenschaftlichen Diskurs eine zentrale Rolle spielt, da er aber andererseits vorschnell als Manifest einer neuen Zeit etikettiert worden ist, muß von ihm ausgehend noch einmal die Relevanzfrage für unser Thema aufgeworfen werden.

Lyotard hat in seiner Studie unterstellt, daß jede Form des Erzählens in einem problematischen Verhältnis zu den Normen und Rationalitätskriterien moderner Wissenschaft stehe; das Wissen der Wissenschaftler habe sich „immer im Wettstreit" mit dem Wissen der Erzähler befunden. Wissenschaftliches Wissen sei auf beständigen Zuerwerb bedacht, erzählerisches Wissen sei verbunden „mit den Ideen des inneren Gleichgewichts und der Selbstbegrenzung". Anders ausgedrückt: Im Unterschied zum forschenden Geist beruhe das narrative Wissen auf Praktiken des Auswählens, Weglassens, Gewichtens, der freiwilligen Selbstbeschränkung.[40] Wie auch immer die Vereinheitlichungsstrategien der „métarécits" beschaffen seien – unter der Ägide der Wissenschaft habe „die große Erzählung [...] ihre Glaubwürdigkeit verloren".[41] Folglich stehe die Wissenschaft „von Beginn an in Konflikt mit den Erzählungen"; an Kriterien der Wissenschaftlichkeit gemessen, erwiesen sich die meisten dieser Erzählungen „als Fabel".[42]

Offensichtlich zielte Lyotard mit dieser Positionierung nicht auf seine Gegenwart, sondern auf Grundbedingungen von Wissenschaft in der Moderne schlechthin. Daher wird man seinem Anliegen auch nicht gerecht, wenn man seinen Text als Manifest einer neuen (eben „postmodernen") Epoche liest. Es ging ihrem Verfasser ganz im Gegenteil darum, ein Problem zu reformulieren, das die moderne Wissenschaft von Anbeginn begleitet hat. Man vereinfache, schreibt Lyotard, wenn man die Skepsis gegenüber den großen Erzählungen der Moderne als „postmodern" erachte. Zweifellos sei diese Skepsis ein Ergebnis wissenschaftlichen Fortschritts, doch umgekehrt setze der Fortschritt der Wissenschaften seinerseits genau jene Skepsis voraus.[43] Oder, ein andermal: der Postmodernismus bedeute „nicht das Ende des Modernismus, sondern dessen [...] permanente Geburt".[44]

Das Wissen der Wissenschaftler und die Praxis des Erzählens haben sich demnach schon so lange aneinander geschärft, wie es eine forschende Historie gegeben hat. Man braucht sich also nicht in der Debatte um das Ende der Moderne zu verlieren, wenn man anhand des Konzepts „Meistererzählun-

---

[39] *Lyotard*, Das postmoderne Wissen (wie Anm. 33).
[40] Ebd. v. a. 32.
[41] Ebd. 112.
[42] Ebd. 13.
[43] Ebd. 14.
[44] *Jean-François Lyotard*, Beantwortung der Frage: Was ist Postmodern?, in: ders., Postmoderne für Kinder. Wien 1987, das Zitat 26.

gen" historiographische Praxis besser verstehen will. Wenn Lyotard recht hat, dann besitzt auch die Polemik um die Unausweichlichkeit oder den Anachronismus von Meistererzählungen eine historische Tiefendimension, deren Kenntnis zur Versachlichung der Debatte und damit zur besseren Bestimmung des Problems führen würde. Diese Tiefendimension auszuleuchten würde bedeuten, die Historizität des eigenen Tuns zu verstehen.

Das neue Element in der Erforschung von Historiographie, das hilft, den Rahmen rein ideen- bzw. disziplingeschichtlicher Studien auszuweiten, haben die Literaturwissenschaften an die Geschichtsschreibung herangetragen, indem sie die Texte der Historiker lasen und an ihren Maßstäben maßen. Sie erschlossen an solch unterschiedlichen Autoren wie dem durch und durch erzählerischen Jules Michelet und dem sichtlich um narrative Abstinenz bemühten Fernand Braudel, mit welchen Techniken der Narrativierung man seinen Aussagen Kohärenz und Glaubwürdigkeit verleiht, wie man selbst dort verborgene Akteure wirken läßt, wo an der Oberflächenstruktur des Textes keine Personen die Handlung vorantreiben.[45] Vielversprechend ist auch die weitere Perspektive der Literaturwissenschaften auf die verschiedenen Integrationsleistungen, die eine Erzählung bewirken kann: nicht nur auf der Ebene der erzählten Geschichte, sondern auch auf derjenigen der Erzählsituation selbst (also der Kommunikation zwischen dem Erzähler und seinen Adressaten) samt der „wechselseitige[n] Vermittlung zwischen den Positionen einerseits des Erzählers, andererseits des Erzählten" (Daniel Fulda).[46]

Unter diesem Verständnis kann man die Spezifik wissenschaftlicher Prosa durch die besondere Erzählsituation bestimmen, die ihr zugrunde liegt: Dem stets mißtrauischen Rezipienten, der (im Unterschied zum Leser fiktionaler Literatur) beständig die Frage nach der Richtigkeit des Gesagten aufwerfen will, begegnet ein Autor, der dagegen die Wahrheit der Erzählung zu behaupten hat. Er mag sich zu diesem Zweck fast unsichtbar machen, um zu suggerieren, daß sich seine Geschichte genausogut von selbst erzählen würde, und er mag sich der genrespezifischen Authentizitäts-Signale bedienen: der sprechenden Zitate aus Quellen und Forschungsliteratur, der Anmerkungen, der Respekt gebietenden Literaturliste.[47] Und letztlich mag er eben an seinen Leser appellieren, im Gesagten die „großen" Erzählungen, das kulturspezifische Wissen um die Sinnhaftigkeit der Vergangenheit, wiederzuerkennen. Der Rekurs auf das implizit mitgelieferte oder unaufdringlich explizierte Metanarrativ fungiert als ein Appell des Autors an den Leser, sich der Wahrheitskriterien zu erinnern, die man teilt, und sich damit auf die

---

[45] *Roland Barthes*, Michelet. Frankfurt am Main 1980 (franz. 1954); *Ricœur*, Zeit (wie Anm. 9), 311-327, zur durchaus narrativen Qualität von Braudels „Méditerranée". Locus classicus wäre abermals *White*, Metahistory (wie Anm. 11).
[46] *Fulda*, Sinn und Erzählung (wie Anm. 4), 251.
[47] *Gérard Genette*, Paratexte. Das Beiwerk des Buches. Frankfurt am Main/New York 1992; *Anthony Grafton*, Die tragischen Ursprünge der deutschen Fußnote. Berlin 1995.

gemeinsame Grundlage dieser spezifischen Kommunikationssituation zu besinnen. Die Aufschließungskraft der Erzählforschung für das Verständnis von Geschichtsschreibung ist damit gerade einmal angedeutet, in Fallstudien wird das Konzept zu testen sein.

IV.

Daß man sich bei der Verständigung über die narrativen Dimensionen von Geschichtsschreibung auf eine bestimmte Epoche konzentrieren kann, bedarf nach dem Gesagten keiner weiteren Begründung mehr. Sofern es sich dabei aber um das okzidentale Mittelalter handelt, hat man es mit einer Epoche zu tun, die für die Strategien der politisch-sozialen Selbstvergewisserung in der Moderne eine besondere Bedeutung innehat. Daß dies so ist, geht aus allen folgenden Beiträgen deutlich hervor. Immer wieder hat man sich in Europa seit dem ausgehenden 18. Jahrhundert über seine Gegenwart verständigt, indem man auf das Jahrtausend des europäischen Mittelalters Bezug genommen hat – sei es, indem man es als Chiffre für glücklich überwundene Archaik, für Befangenheit im Formalen, für religiösen Fanatismus, Intoleranz und wissenschaftlich-technologische Rückständigkeit verwendete, sei es, indem man sein Leid am entfremdeten Leben der Gegenwart mit dem Rückblick auf eine verlorengegangene Epoche vermeintlicher Einheit und sozialer Harmonie historisch untermauerte. Für die Historie hat Otto Gerhard Oexle in zahlreichen Arbeiten jene Wirklichkeit eines „entzweiten Mittelalters" in der Moderne erforscht.[48] Ähnliche Studien betrieb, mit einem wachen Auge für die Auswirkungen solcher Bilder auf den wissenschaftlichen Betrieb selbst, sein literaturwissenschaftlicher Kollege Lee Patterson.[49] Studien zu den sich schnell verändernden „medievalisms" in der

---

[48] *Otto Gerhard Oexle*, Das entzweite Mittelalter, in: Gerd Althoff (Hrsg.), Die Deutschen und ihr Mittelalter. Themen und Funktionen moderner Geschichtsbilder vom Mittelalter. Darmstadt 1992, 7-28; ders., Die Moderne und ihr Mittelalter. Eine folgenreiche Problemgeschichte, in: Peter Segl (Hrsg.), Mittelalter und Moderne. Entdeckung und Rekonstruktion der mittelalterlichen Welt. Kongreßakten des 6. Symposiums des Mediävistenverbandes in Bayreuth 1995. Sigmaringen 1997, 307-364; ders., Das Mittelalter und das Unbehagen an der Moderne. Mittelalterbeschwörungen in der Weimarer Republik und danach, in: Susanna Burghartz/Hans-Jörg Gilomen/Guy P. Marchal (Hrsg.), Spannungen und Widersprüche. Gedenkschrift für František Graus. Sigmaringen 1992, 125-153; ders., „Die Statik ist ein Grundzug des mittelalterlichen Bewußtseins". Die Wahrnehmung sozialen Wandels im Denken des Mittelalters und das Problem ihrer Deutung, in: Jürgen Miethke/Klaus Schreiner (Hrsg.), Sozialer Wandel im Mittelalter. Wahrnehmungsformen, Erklärungsmuster, Regelungsmechanismen. Sigmaringen 1994, 45-70.
[49] *Lee Patterson*, Introduction: Critical Historicism and Medieval Studies, in: ders. (Ed.), Literary Practice and Social Change in Britain, 1380-1530. Berkeley 1990, 1-14; ders., On the Margin: Postmodernism, Ironic History and Medieval Studies, in: Speculum 65, 1990, 87-108.

Moderne, meist aus der Feder nordamerikanischer Mediävisten, folgten.[50] Auch auf dem Parkett der internationalen Mediävistenkongresse galten die „medievalisms" als eine der Wachstumsbranchen.

Geht es bei solchen Studien darum, die Inszenierung des ‚fremden' Mittelalters während der Moderne zu erforschen, so hat man auch umgekehrt schon zeigen können, wie die Forschungen seit dem ausgehenden 18. Jahrhundert gerade die Kontinuitäten von der mittelalterlichen zur neuzeitlichen bzw. modernen Welt behaupteten. So hat Ernst-Wolfgang Böckenförde die Transformationen des deutschen Verfassungsdenkens im 19. Jahrhundert in den wechselnden Interpretationen der vermeintlichen frühen deutschen Verfassungsgeschichte aufgespürt; als historischen Fluchtpunkt für das Verständnis der aktuellen Debatten um „Einheit" und „Freiheit" galt den Verfassungshistorikern in der Ära der Paulskirchenversammlung die ‚germanische' Phase der deutschen Geschichte seit Tacitus.[51]

Wenn man sich für die Einbeziehung von Mittelalterbildern in die übergreifenden Meistererzählungen der okzidentalen Geschichte interessiert, hat man folglich mit zwei Möglichkeiten zu rechnen. Man wird zum einen demjenigen Mittelalter begegnen, das durch seine fundamentale Andersartigkeit der Moderne gegenüber charakterisiert ist, dessen vielbeschriebene Statik in einer unauflösbaren Dissonanz zur Mobilität moderner Gesellschaften erklingt.[52] Die für die Moderne prägenden Prozesse sozialer Disziplinierung und ‚policeylicher' Durchdringung kann es unter diesem Vorverständnis im Mittelalter noch nicht gegeben haben.[53] Solche Vorstellungen von einer unüberbrückbaren Alterität des Mittelalters haben sich selbst durch den entschiedenen Widerspruch jener Mediävisten, die auf deutliche Kontinuitätslinien verwiesen, niemals wirkungsvoll bekämpfen lassen. So muß man nur beachten, wie in allerjüngster Zeit die Historisierung der Gegenwartsutopie

---

[50] *Paul Freedman/Gabrielle M. Spiegel*, Medievalisms Old and New: The Rediscovery of Alterity in North American Studies, in: American Historical Review 103, 1998, 677–704; *Patrick Geary*, Medieval Studies – „Mittelalterstudien" in Amerika, in: Hans-Werner Goetz/Jörg Jarnut (Hrsg.), Mediävistik im 21. Jahrhundert. Stand und Perspektiven der internationalen und interdisziplinären Mittelalterforschung. (MittelalterStudien, Bd. 1.) München 2003, 63–71.
[51] *Böckenförde*, Forschung (wie Anm. 16).
[52] *Otto Gerhard Oexle*, Statik (wie Anm. 48).
[53] Im Konzept Gerhard Oestreichs geht der frühneuzeitlichen Phase der Sozialdisziplinierung lediglich die tastende, inkonsequente und erfolglose Phase „sozialer Regulierung" voraus. Laut Oestreich fehlt im Mittelalter der Wille zur umfassenden Veränderung, die Obrigkeiten reagieren lediglich auf Mißstände. *Winfried Schulze,* Gerhard Oestreichs Begriff „Sozialdisziplinierung in der frühen Neuzeit", in: Zeitschrift für historische Forschung 14, 1983, 265–302. Zu Theorien sozialer Disziplinierung *Stefan Breuer*, Sozialdisziplinierung. Probleme und Problemverlagerungen eines Konzepts bei Max Weber, Gerhard Oestreich und Michel Foucault, in: Christoph Sachße/Florian Tennstedt (Hrsg.), Soziale Sicherheit und soziale Disziplinierung. Beiträge zu einer historischen Theorie der Sozialpolitik. Frankfurt am Main 1986, 45–69.

„Wissensgesellschaft" betrieben wird: Die Grenze zwischen der angeblichen Statik mittelalterlicher (das heißt aristotelisch-scholastischer) Wissenskultur und der Welt der frühneuzeitlichen Wissenschaftler und Erfinder wird gegenwärtig noch entschiedener gezogen, als dies ohnehin schon üblich gewesen ist.[54]

Auf der anderen Seite sind die Mediävisten nach wie vor mit jenen Meistererzählungen beschäftigt, die Mittelalter und Neuzeit organisch miteinander verbinden und in denen die Jahrhunderte zwischen 500 und 1500 auf die eine oder andere Weise als Beginn der Gegenwart, das heißt als der Beginn des okzidentalen Modernisierungsprozesses gehandelt werden. Dies gilt etwa für jene Erzählungen von der Geschichte der politischen Kultur, die die hochmittelalterliche städtische Kommune als den Prototyp rationaler Vergesellschaftung begreifen, mithin das moderne Staatsbürgertum aus der im Hochmittelalter entstandenen ‚kommunalen' Bürgerexistenz herleiten.[55] Ohnehin gilt dies für solche Forscher, die die Leitmaximen modernen politischen Denkens in die Tradition der reichen mittelalterlichen Kultur sozialer Gruppen stellen.[56] Auf ähnliche Weise sind Mittelalter und Neuzeit auch in der Meistererzählung von dem epochenübergreifenden „Prozeß der Zivilisation" verbunden, der mit dem hohen Mittelalter einsetzte und der durch eine soziale Dynamik in Gang gehalten wurde, die nur unter den Bedingungen der ständischen Gesellschaft wirksam sein konnte.[57] Gleichsam spiegelbild-

---

[54] *Peter Burke*, Papier und Marktgeschrei. Die Geburt der Wissensgesellschaft. Berlin 2001; *Richard van Dülmen/Sina Rauschenbach* (Hrsg.), Macht des Wissens. Die Entstehung der modernen Wissensgesellschaft. Köln/Weimar/Wien 2004, 1–12; dazu künftig *Frank Rexroth*, Expertenweisheit. Die Kritik an den Studierten und die Utopie einer geheilten Gesellschaft im späten Mittelalter. (Vorträge des Freiburger Mittelalterzentrums, Bd. 1.) Erscheint 2007.
[55] Dies im Anschluß an *Max Weber*, Wirtschaft und Gesellschaft. Die Wirtschaft und die gesellschaftlichen Ordnungen und Mächte. Nachlaß. Teilbd. 5: Die Stadt. Hrsg. v. Wilfried Nippel. (Max Weber Gesamtausgabe, Bd. 22/5.) Tübingen 1999. Vgl. *Gerhard Dilcher*, Bürgerrecht und Stadtverfassung im europäischen Mittelalter, Köln/Weimar/Wien 1996; ders., Die Rechtsgeschichte der Stadt, in: Karl S. Bader/Gerhard Dilcher (Hrsg.), Deutsche Rechtsgeschichte. Land und Stadt – Bürger und Bauer im Alten Europa. Berlin/Heidelberg/New York 1999, 249–827; *Klaus Schreiner*, „Kommunebewegung" und „Zunftrevolution". Zur Gegenwart der mittelalterlichen Stadt im historisch-politischen Denken des 19. Jahrhunderts, in: Franz Quarthal/Wilfried Setzler (Hrsg.), Stadtverfassung – Verfassungsstaat – Pressepolitik. Festschrift für Eberhard Naujoks zum 65. Geburtstag. Sigmaringen 1980, 139–168.
[56] *Quentin Skinner*, The Foundation of Modern Political Thought. Vol. 1. Cambridge 1978, wo das politische Denken aus der Situation der mittelalterlichen italienischen Städte, d. h. aus ihrem Kampf um kommunale, Potestats- und Senioratsverfassungen hergeleitet wird. Ferner *Otto Gerhard Oexle*, Das Bild der Moderne vom Mittelalter und die moderne Mittelalterforschung, in: Frühmittelalterliche Studien 24, 1990, 1–22.
[57] *Norbert Elias*, Über den Prozeß der Zivilisation. Soziogenetische und psychogenetische Untersuchungen. 2 Bde. 2. Aufl. Bern 1969; *Wolfgang Jäger*, „Menschenwissenschaft" und historische Sozialwissenschaft. Möglichkeiten und Grenzen der Rezeption

lich zu diesen Fortschrittserzählungen hat man im Mittelalter auch den Beginn der Schattenseiten moderner Existenz ausgemacht, so beispielsweise mit Robert Moores These von der Entstehung der okzidentalen „Verfolgungsgesellschaft" im hohen Mittelalter.[58] Dieser mittelalterliche Beginn moderner Befindlichkeit konnte dabei unter Umständen als ein Wiederbeginn verstanden werden, wenn man die Geschichte der Antike in die Beobachtungen mit einbezog: Die Ethik des Christentums etwa, so hat man geschrieben, sei während der Spätantike und des früheren Mittelalters vorübergehend „rearchaisiert" worden, um erst gegen 1200 wieder das Reflexionsniveau des frühen Christentums erreichen zu können[59]; um dieselbe Zeit habe sich eine Renaissance der (antiken) Wissenschaften ereignet[60]. Weitere Beispiele ließen sich anfügen.

Leicht war es auch, einzelne Felder, Aspekte, ja Ereignisse mittelalterlicher Geschichte durch ihre wechselnden Einbettungen in moderne Narrative hindurch zu verfolgen. So machte Rolf Hammel-Kiesow etwa auf die mehrfach erneuerte Sinnzuschreibung an die Hanse aufmerksam: sei es in den ersten Dezennien des deutschen Kaiserreichs als „Statthalter des Reichs und Vorläufer des deutschen Nationalstaates im Norden", dann, in der Ära Wilhelms II., als „Inbegriff deutscher Flottenherrlichkeit", später in der NS-Geschichtsschreibung unter dem Vorzeichen der „Ausdehnung des deutschen Lebensraumes nach Osten", abermals später in der DDR-Historiographie als Lehrstück für die „geschichtsbildende Rolle der Volksmassen".[61] Der wissenschaftliche Marxismus, um bei der letzten Station zu bleiben, wäre in diesem Fall der Ausgangspunkt für diese Lesart von Hansegeschichte. Nicht innerhalb der ideologischen Generalannahmen, sondern, spezifischer, innerhalb der marxistischen Meistererzählung würde dem historischen Phänomen „Hanse" Sinn zugewiesen werden, und dies würde deren besonderen Wert ausmachen: Die Leserschaft würde einmal mehr erfahren, daß nicht die stumpfe Kontingenz des Faktischen, sondern ein historischer ‚Sinn' die Welt regiert. Wahrscheinlich ließe sich eine beliebig lange Reihe weiterer Beispiele anführen; Hinweise auf Gerd Krumeichs Arbeit über Jeanne d'Arc

---

von Norbert Elias in der Geschichtswissenschaft, in: Archiv für Kulturgeschichte 77, 1995, 85–115; *Gerd Schwerhoff*, Zivilisationsprozeß und Geschichtswissenschaft. Norbert Elias' Forschungsparadigma in historischer Sicht, in: Historische Zeitschrift 266, 1998, 561–605.
[58] *Robert I. Moore*, The Formation of a Persecuting Society. Oxford 1987.
[59] Von der „Rearchaisierung" des Christentums spricht *Arnold Angenendt*, Geschichte der Religiosität im Mittelalter. Darmstadt 1997, 23; *ders.*, Revolution in der Religion?, in: Johannes Fried/Johannes Süßmann (Hrsg.), Revolutionen des Wissens. Von der Steinzeit bis zur Moderne. München 2001, 76–95, 162–169.
[60] *Peter Weimar* (Hrsg.), Die Renaissance der Wissenschaften im 12. Jahrhundert. (Züricher Hochschulforum, Bd. 2.) Zürich/München 1981; *Georg Wieland* (Hrsg.), Aufbruch – Wandel – Erneuerung. Beiträge zur „Renaissance" des 12. Jahrhunderts. Stuttgart 1995.
[61] *Rolf Hammel-Kiesow*, Die Hanse. München 2000, 7.

in der Geschichte oder auf Walter Pohls Studie zur Aneignung der Germanen seit dem 16. Jahrhundert mögen genügen.[62]

Nicht einzig um ideologische Verortungen sollte es also dort gehen, wo man sich mit der Einbettung seiner Untersuchungsgegenstände in die „Meistererzählungen vom Mittelalter" beschäftigt. Folglich ist es auch den Autoren dieses Bandes ein wichtiges Anliegen, über die Verortung ‚ihrer' Geschichtsschreibung in den weiteren Sinnhorizonten der modernen Welt hinaus danach zu fragen, welche Strukturierungen, welche Zäsuren und welche Bedeutungszuschreibungen sich für die Stationen des vermeintlichen Kontinuums historischer Entwicklung aus den ideologischen Vorannahmen ergeben. So demonstriert Walter Pohl nicht nur, daß es – noch stärker als im Hinblick auf andere Epochen – bei der Rede vom Frühmittelalter stets um die Bewertung früherer oder späterer Zeiträume ging, daß also der „Fluchtpunkt" der frühen europäischen Geschichte stets außerhalb dieser selbst gelegen hat. Pohl zeigt auch, daß dies selbst nach dem Ende des nationalen Paradigmas in der Frühmittelalterforschung so geblieben ist. Auch unter veränderten Bedingungen in der Wissenschaft der letzten Jahrzehnte handelt die Geschichte des ‚archaischen' Frühmittelalters von Gesellschaften, die das Potential der Modernisierung bereits in sich trugen, die von den gefährlichen Bestandteilen dieses Potentials aber noch nicht gereinigt waren. Die alte Meistererzählung, die besagt, daß „erst die Überwindung einer fremden, frühmittelalterlichen Vorgeschichte [...] ‚unsere' Kultur ermöglicht" habe[63], zeigt also in Gestalt jüngerer Forschungen ihr vertrautes Gesicht.

Um bei Pohls Metapher zu bleiben: Auch der Fluchtpunkt für die Geschichte der lateinischen mittelalterlichen Literatur lag und liegt außerhalb dieser selbst, nämlich in der klassischen Latinität, der Literatur des Humanismus oder (was den Gesamteindruck von der literarischen Produktion des Mittelalters bis heute geradezu verzerrt) in den allmählich entstehenden volkssprachlichen Literaturen. Auf drei Ebenen untersucht Thomas Haye, unter welchen Vorannahmen und mit welchen Strategien die Mediolatinistik bislang ihre Narrative verfertigte. Traditionen über die Fächergrenzen hinweg werden dabei sichtbar: die frühen Vertreter des Fachs kamen im 19. Jahrhundert aus anderen Disziplinen, waren von Hause aus klassische Philologen, Historiker oder Kirchenhistoriker und übertrugen die dort üblichen Periodisierungen auf die Literaturgeschichte. Dafür, daß die vor langer Zeit etablierten Periodisierungsschemata und Werturteile weiterwirken, macht Haye die didaktische Situation an der Universität verantwortlich: Zum Tragen kommen die Meistererzählungen insbesondere in Einführungen, Hand-

---

[62] *Gerd Krumeich*, Jeanne d'Arc in der Geschichte. Historiographie – Politik – Kultur. (Beihefte der Francia, Bd. 19.) Sigmaringen 1989; *Walter Pohl*, Die Germanen. (Enzyklopädie deutscher Geschichte, Bd. 57.) München 2000.
[63] Siehe unten, S. 39.

büchern und Überblicksdarstellungen. Diese aber beeinflussen die Anfängerstudenten ganz besonders und sorgen insofern dafür, daß die Narrative früh eingeübt und von Generation zu Generation weitergegeben werden.

Wo Haye über die Mikroebene der Literaturgeschichtsschreibung gesprochen hatte, schließt Klaus Grubmüllers Beitrag an. Er befaßt sich mit deren Sprache samt ihren Bildern und suggestiven Formulierungen. Grubmüller geht auf die bemerkenswerte Aktualität einer literaturgeschichtlichen Redeweise ein, die in der Goethezeit bedeutsam wurde, die während der positivistischen Phase der Literaturgeschichtsschreibung fast von anderen Bildern entmachtet worden wäre, die ihre suggestive Kraft aber bis heute behalten hat: die Rede von der „Blütezeit" von Literaturen. Subtil unterscheidet er diese von vergleichbaren Mustern (dem Lebenszeiten- bzw. dem Jahreszeitenmodell), zeigt ihre Implikationen und fragt danach, was die Attraktivität dieses biologistischen Musters ausmachen konnte und kann. Entschieden warnt er davor, hinter der Metapher von der Blütezeit eine lediglich illustrierende Absicht zu vermuten – ganz im Gegenteil werde sie mit einem hohen Erklärungsanspruch verwendet. Wie weit Autoren gehen, um der Sukzession der Literaturgeschichte ein Schema der Regelmäßigkeit zu unterlegen, zeigt er am Fall Wilhelm Scherers, der eine erste Blüteperiode der deutschen Literatur kurioserweise für die Jahre um 600 annahm. Auf diese Weise konnte Scherer suggerieren, daß sich die Literaturgeschichte in 600-Jahr-Schritten von Blüte zu Blüte voranbewegt: Wolfram und Gottfried um 1200, Goethe und Schiller um 1800 erhalten im „germanische[n] Nationalepos" ihren unpersönlichen Vorläufer.[64] Literarische Belege dafür gab und gibt es freilich keine.

In der Musikgeschichtsschreibung hatte man dagegen ganz andere Probleme zu bewältigen. Oliver Hucks Beitrag macht deutlich, unter welchen Schwierigkeiten die mittelalterliche Musik seit dem frühen 20. Jahrhundert überhaupt in die Fortschrittserzählung von der Entfaltung der abendländischen Musik eingebunden werden konnte. Es galt, die überlieferten mittelalterlichen Notationen paßförmig zu machen für die Paradigmen moderner Musikbetrachtung: für die „Kunst" und für das „Werk". Mittelalterlicher sakraler Musik Kunstcharakter zuzusprechen, also beispielsweise eine isorhythmische Motette des 14. Jahrhunderts in einen genetischen Zusammenhang mit den musikalischen Œuvres der Moderne zu bringen, war die Voraussetzung dafür, daß man die Fortschrittsgeschichte der Musikentwicklung rückgreifend über die Grenze der „Renaissance" hinaus erweitern konnte. Gerade in der Ära der zweiten Wiener Schule interessierte man sich besonders dafür, die Wurzeln des eigenen kompositorischen Schaffens noch vor Palestrina zu suchen. Dafür, wie man das Kontinuum der Musikgeschichte schreibt, war die Plotstruktur der „Renaissancen" ausschlaggebend – man

---

[64] Siehe unten, S. 65f.

suchte und man fand sie auch im Mittelalter selbst! Auch ‚entdeckte' man dabei die großen Einzelnen, etwa den ominösen Perotin, als Vorläufer der modernen Komponisten-Genies. Ein erheblicher Unterschied zwischen den Praktiken der Musik- und der Literaturgeschichtsschreibung liegt darin begründet, daß die Vorstellungen vom Klang mittelalterlicher Musik schon seit Jahrzehnten nicht mehr durch die Musikwissenschaftler vermittelt werden, sondern durch die praktizierenden Musiker. Diese vermitteln zwischen der Musikgeschichtsschreibung und dem einzelnen Exempel mittelalterlicher Musik, insofern sie überlieferte Notation gemäß ihren eigenen Vorstellungen ausführen. Auf diese Weise wirken bei der Aneignung mittelalterlicher Musik Hypothesen über das Verhältnis von überlieferter schriftlicher Aufzeichnung und rekonstruiertem Klang, die Huck in Anlehnung an die Rede von den Meistererzählungen als „Meistergesänge" bezeichnet.

Eine andere Blickrichtung bestimmt Michail Bojcovs Reflexionen über unser Thema. Ihm geht es um die nationale Spezifik von Mittelalterbildern, mithin um die Aneignungsweisen mittelalterlicher Geschichte, die in den Großkollektiven der modernen Staatenwelt maßgeblich waren. Analog zu Frankreich habe man auch in Rußland in der sowjetischen wie der postsowjetischen Ära auf ein Märchenmuster zurückgegriffen, um die Selbstfindung der Nation im geeinten Reich zu erzählen: Die Schilderung vielversprechender Anfänge (hier: zu Zeiten der Kiewer Rus), die lange Ära der Anfechtungen (hier: der sogenannten „feudalen Zersplitterung") und der Überwindung der Gefahren, der mythischen Vermählung, mithin der Apotheose der Nationalgeschichte in der jüngeren Zeit. Indem Bojcov auf den Stellenwert der Schlacht auf dem Peipussee von 1242 und der Kulikov-Schlacht von 1380 im Zusammenhang des nationalen Narrativs eingeht, kann er zeigen, wie unterschiedlich die Bedeutungszuschreibungen an ein und dasselbe Ereignis ausfallen können, wie beispielsweise in einer Zeit zunehmender wirtschaftlich-politischer Westorientierung des neuen russischen Staates die Ordensritter von 1242 nicht mehr als Repräsentationen des feindlichen ‚westlichen' Auslands verstanden werden, sondern statt dessen als Vorboten der Missionierungsversuche, die man der römisch-katholischen Kirche von heute unterstellt.

Am Schluß stehen Patrick Gearys Gedanken darüber, „was angesichts der jüngeren Kritik an der Moderne aus den Metaerzählungen geworden ist, die unsere Historiographie während der vergangenen Jahrzehnte organisiert haben".[65] Gearys Ausgangspunkt ist dabei die – in unserem Band mehrfach angesprochene – Einsicht, daß historiographische Entwürfe vom Mittelalter immer auf die Erklärung der Moderne fixiert waren, daß folglich gerade die Mediävistik stets stärker durch Bedürfnisse der Orientierung in der Gegenwart bestimmt gewesen ist als durch die selbstreferentielle Weiterentwick-

---

[65] Siehe unten, S. 107.

lung innerwissenschaftlicher Fragestellungen. Zwei Variablen bestimmten dabei die entsprechenden Narrative mittelalterlicher Geschichte. Zum einen gab es die Optionen, das Mittelalter entweder als historischen Ort völliger Andersartigkeit gegenüber der Welt der Moderne oder als eine durch starke Kontinuitätslinien angebundene Vorgeschichte zu konzipieren. Zum anderen bestanden die Möglichkeiten, in der Schilderung des historischen Prozesses die Apologie der Gegenwart zu zeigen oder aber der Gegenwart mit dem Verweis auf die Kultur des Mittelalters eine Verlustrechnung aufzumachen. Narrative wie dasjenige von der Entstehung typisch moderner Repressionsapparate im späten Mittelalter betonen einerseits unsere Verbundenheit (also nicht die Alterität) mit der Welt vor 1500, lassen diese allerdings als den fernen Ursprung nicht der Bürgerrechte oder des modernen Wirtschaftssystems, sondern der Greuel des 20. Jahrhunderts erscheinen. Ein großes Potential für die zukünftige Mediävistik sieht Geary in den Anregungen, die von den „subaltern historians" gegeben werden. Er wirbt dafür, daß Mediävisten sich mit ihnen auseinandersetzen und an ihnen lernen, wie man sich aus der Fixierung auf die Erzählungen der okzidentalen Fortschrittsgeschichte erfolgreich löst.

Alle Beiträge demonstrieren, daß der Austausch zwischen den mediävistischen Disziplinen der Beschäftigung mit dem Thema sehr zugute kommt; auf diese Weise können die wechselseitigen Bezugnahmen der historiographischen Traditionen besser verstanden werden. Zugleich haben sich alle Autoren intensiv mit der Frage auseinandergesetzt, welche Orientierungsbedürfnisse in der Moderne für die Konzeption ihrer jeweiligen Historiographien ausschlaggebend waren. So gesehen kann man die folgenden Ausführungen auch als Beiträge zur Geschichte der historischen Wissenschaften vom 19. Jahrhundert bis heute lesen. Der Praxis der Geschichtsschreibung stehen die Autoren durchweg positiv gegenüber, und nichts lag ihnen ferner, als schlicht die Ideologielastigkeit der Meistererzählungen zu entlarven. Gleichwohl kann die Beschäftigung mit unserem Thema dazu führen, daß die Praxis historischer Sinngebung im Medium der Geschichtsschreibung reflektierter ausgeübt wird.

Ursprungserzählungen und Gegenbilder

Das archaische Frühmittelalter

Von

Walter Pohl

I. Das Frühmittelalter als Ende und Anfang

Meistererzählungen vom Frühmittelalter handeln selten bloß vom Frühmittelalter. Ihr Fluchtpunkt liegt außerhalb, stärker als das bei anderen Epochen der Fall ist. Die Erzählung vom Ende der Römischen Republik zum Beispiel mag für die Moderne allerlei politisch-moralische Exempel bieten, ihren Brennpunkt trägt sie aber in sich selbst. Die Geschichte von Glanz und Niedergang des mittelalterlichen Imperiums orientierte sich lange an der modernen Errichtung eines deutschen Reiches, ihre Dramaturgie aber konzentrierte sich auf die Zeit von den Ottonen zu den Staufern. Das Frühmittelalter hingegen wurde weniger um seiner selbst willen dargestellt, sondern war Teil darüber hinausgreifender Meistererzählungen. Die Erzählung von „Decline and Fall of the Roman Empire" sah im Frühmittelalter vor allem eine düstere Verfallszeit der Glorie Roms und der antiken Kultur. Die Geschichte der Christianisierung Europas berichtete von der Entwicklung christlicher Lebensweise und kirchlicher Ordnung; doch deren vorhergehende Grundlegung und spätere Entfaltung beanspruchten wesentlich größere Aufmerksamkeit. Das größte Interesse fand das Frühmittelalter als eine Zeit nationaler Ursprünge; doch bei aller schwärmerischen Verklärung der Anfänge erfüllte sich diese Geschichte erst in der modernen Nation. Die Suche nach fundierenden Erinnerungen an das Frühmittelalter, aus nationaler wie übernationaler, aber auch aus christlicher Sicht, ist in den letzten Jahren zu einem wichtigen Forschungsthema geworden.[1] Auch heute wird das Frühmittelalter oft als eine Zeit wenn auch bescheidener Anfänge charakterisiert, nur daß es mittlerweile oft um Europa geht. Das läßt sich schon in den Buchtiteln ablesen: an der häufigen Verwendung von „the making", „la naissance", „die Geburt", „le origini" oder ähnlichen Formeln.[2]

---

[1] *Walter Pohl* (Hrsg.), Die Suche nach den Ursprüngen. Von der Bedeutung des frühen Mittelalters. (Forschungen zur Geschichte des Mittelalters, Bd. 8; Denkschriften der Österreichischen Akademie der Wissenschaften, philos.-hist. Kl., 322.) Wien 2004.
[2] Eine kleine Auswahl: *Patrick J. Geary*, The Myth of Nations. The Medieval Origins of Europe. Princeton 2002; *Bruno Dumézil*, Les racines chrétiennes de l'Europe. Conver-

Die konventionellen Meistererzählungen vom Frühmittelalter sollen zu Beginn dieses Beitrages skizziert werden. Hauptsächlich soll es jedoch um die Frage gehen, ob und welche Meistererzählungen hinter neueren historischen Ansätzen und Modellen stehen. In vieler Hinsicht hat sich die Mittelalterforschung von den Projektionen des 19. und 20. Jahrhunderts gelöst. Dennoch haben auch aktuelle Auffassungen vom frühen Mittelalter zum Teil ein durchaus prägnantes Profil angenommen, das Elemente einer ‚großen Erzählung' aufweist. Besonders gilt das für die in vielen Forschungsfeldern aktuelle Vorstellung, das Frühmittelalter sei eine im wesentlichen archaische Zeit gewesen, eher vergleichbar mit den außereuropäischen Stammesgesellschaften, die Gegenstand der modernen Ethnographie sind, als mit den europäischen Gesellschaften der klassischen Antike und vom späteren Mittelalter an. Häufig wird das Frühmittelalter als Gegenbild zur zivilisierten, rationalen, staatlich organisierten und disziplinierten Gesellschaft der Gegenwart stilisiert. Dieses Paradigma ist in den Kultur- und Sozialwissenschaften sowie unter Historikern der Moderne verbreitet; aber auch in der neueren Mediävistik finden sich derartige Ansätze. Als Ausgangspunkt, oder eher: als Nullpunkt von vielerlei Fortschrittserzählungen leistet das Frühmittelalter daher gute Dienste. In der Öffentlichkeit werden solche Mittelalterbilder gerne übernommen und vergröbert. „Wege aus der Finsternis", hieß nicht zufällig eine deutsche Fernseh-Dokumentation über das Hochmittelalter.[3]

Das Bild von einem düsteren Frühmittelalter ist freilich nicht neu; es war in unterschiedlicher Weise bereits Grundlage älterer Meistererzählungen. Immer wieder arbeitet sich die Forschung ab an den wechselnden Anmutungen von Fremdheit und Vertrautheit, die sich in unseren Wahrnehmungen vom Frühmittelalter kaleidoskopartig abwechseln. Aus der Spannung dieses vertrauten Anderen zur Moderne entsteht ein fast unerschöpflicher Interpretationsvorrat, dessen sich die historischen Wissenschaften (und nicht nur sie) seit langem bedient haben. Patrick Geary zeigt in seinem Beitrag zu diesem Band, daß die Überwindung dieser Andersartigkeit im Zug der abendländischen Geschichte den Gründungsmythos der europäischen Moderne darstellt. Die Modernisierung zähmte, was das archaische Europa an

---

sion et liberté dans les royaumes barbares, V^e–VIIe siècle. Paris 2005; *Michael McCormick*, The Origins of the European Economy. Cambridge 2001; *Herwig Wolfram*, Die Geburt Mitteleuropas. Geschichte Österreichs vor seiner Entstehung 378–907. Wien 1987; Childéric-Clovis. Rois des Francs 482–1983. De Tournai à Paris. Naissance d'une nation. Tournai 1983; *Michel Rouche*, L'Aquitaine des Visigoths aux Arabes 418–781. Naissance d'une région. Paris 1979; *Carlrichard Brühl*, Deutschland – Frankreich. Die Geburt zweier Völker. Köln/Wien 1990; *Florin Curta*, The Making of the Slavs. History and Archaeology of the Lower Danube Region c. 500–700. Cambridge 2001; *Mark Whittow*, The Making of Orthodox Byzantium 600–1025. Los Angeles/Berkeley/London 1996.
[3] *Peter Arens*, Wege aus der Finsternis. Europa im Mittelalter. Berlin 2004.

Ressourcen bereithielt, und sie überwand und disziplinierte, was ihr im Wege stand. Diese doppelte Leistung der Modernisierung – Entwicklung auf der einen Seite und Unterdrückung auf der anderen – läßt zwei miteinander konkurrierende Meistererzählungen von der Rolle des Frühmittelalters zu: auf der einen Seite als eine Kultur, in der wesentliche Elemente der späteren Überlegenheit des Westens, oder spezifischer einer bestimmten Nation, schon angelegt waren; und auf der anderen Seite als barbarischer Ur- oder Krisenzustand, der erst überwunden werden mußte, um den Aufstieg Europas zu ermöglichen. Die beiden gegensätzlichen Meistererzählungen konkurrieren, aber ergänzen einander auch und können daher in verschiedenster Form miteinander kombiniert werden.

Das Frühmittelalter als Ursprungszeit und archaisches Gegenbild ist allerdings eine paradoxe Konstruktion, da ja viele Jahrhunderte historischer Entwicklung vorhergegangen sind. Der Begriff ,archaisch' kommt vom griechischen ,arché', Anfang, Ursprung. Allerlei Anfänge mögen im Frühmittelalter zu entdecken sein; doch ,Urzeit' war es nicht. Vorher herrschte über weite Teile Europas das Römische Imperium, dessen ,klassische' Kultur gemeinhin gar nicht als archaisch und dunkel gilt. Die Erzählung vom archaischen Mittelalter setzt also die Vorstellung von einem Bruch oder zumindest einem Niedergang voraus. Um diesen Rückfall in die Barbarei zu erklären und zu werten, steht die traditionsreiche Meistererzählung vom Fall Roms bereit: Die Barbaren hätten die antike Kultur bis auf kümmerliche Reste vernichtet und ein ,gotisches' ,Mittelalter' eingeleitet.[4] Edward Gibbons epochales Werk hat im späten 18. Jahrhundert dieses historische Drama im Bewußtsein einer breiten Öffentlichkeit verankert, und seither fragte man nach den Gründen für „The Decline and Fall of the Roman Empire".[5] Alexander Demandt hat in den achtziger Jahren in einem großen Buch alle in der Forschungsgeschichte für den „Fall Roms" angegebenen Gründe aufgelistet, ein eindrucksvoller Katalog von Deutungen und Hypothesen.[6] Immer waren daran die jeweiligen Interessen der Zeit beteiligt. Gibbon spitzte sein umfängliches Werk auf die Frage zu, ob denn ähnliches auch dem britischen Empire seiner Zeit widerfahren könnte. Oft ging es auch (wie etwa im Fall Italiens) darum, Gründe für die Behinderung einer nationalen Entwicklung

---

[4] Kurzer Überblick über die Rezeptionsgeschichte: *Walter Pohl*, Die Völkerwanderung. Eroberung und Integration. 2. Aufl. Stuttgart/Berlin/Köln 2005; ders., Die Anfänge des Mittelalters – alte Probleme, neue Perspektiven, in: Hans-Werner Goetz/Jörg Jarnut (Hrsg.), Mediävistik im 21. Jahrhundert. Stand und Perspektiven der internationalen und interdisziplinären Mittelalterforschung. (MittelalterStudien, Bd. 1.) München 2003, 361–378.
[5] *Edward Gibbon*, The History of the Decline and Fall of the Roman Empire. 6 Vols. London 1776-1788.
[6] *Alexander Demandt*, Der Fall Roms. Die Auflösung des römischen Reiches im Urteil der Nachwelt. München 1984.

zu finden. Girolamo Arnaldi hat vor kurzem in einem historischen Essay über „L'Italia e i suoi invasori" dieses Motiv bis ins 20. Jahrhundert hinein fortgesponnen.[7] In den romanischen Ländern spricht man bis heute von „invasions barbares", „invasioni barbariche", und man assoziiert damit Zerstörung, Kulturbruch und Barbarei. Die deutschsprachige Forschung sprach hingegen von einer Völkerwanderungszeit und knüpfte daran vornehmlich positive Wertungen der von Natur aus edlen und unverbrauchten Germanen, die einer verfallenden antiken Gesellschaft neues Leben einhauchten.

Die Meistererzählung vom Fall Roms konnte also Grundlage ganz gegensätzlicher Geschichtsdeutungen sein. Schon der deutsche Humanist Beatus Rhenanus hat bekanntlich emphatisch vermerkt: „Unser sind der Goten, Vandalen und Franken Triumphe!"[8] Die Suche nach nationalen Ursprüngen konzentrierte sich bei den meisten Völkern Europas auf die Völkerwanderungszeit, die Argumente für Gebietsansprüche oder völkische Überlegenheit bieten sollte.[9] Daß die nationalen Ursprungserzählungen einander oft diametral widersprachen, führte eher zu ihrer Verfestigung. In der Vorstellung des 19. und der ersten Hälfte des 20. Jahrhunderts wiesen nationale Ursprünge hinaus aus dem Bereich der Geschichte in jenen der Biologie, wo es um Geburt und Wachstum eines völkischen Organismus ging. Das archaische Frühmittelalter nahm schon deshalb Züge eines Naturzustandes am Ursprung der Völker an. Die essentialistischen Kulturtheorien, die in der ersten Hälfte des 20. Jahrhunderts blühten, fanden wiederum in der ‚Dekadenz' des Römertums ein Schulbeispiel für ihre Lehre.

Marx und Engels hatten im Untergang der antiken Sklavenhaltergesellschaft ein notwendiges Stadium des Fortschritts gesehen, so daß marxistische Historiker fortan darüber debattieren konnten, ob ein „inneres" oder doch die Germanen als „äußeres" Proletariat die Sklavenhalterordnung gestürzt hätten.[10] All das ist bekannt genug; hier kann es dazu dienen, das Verhältnis von Meistererzählungen auf der einen Seite und Ideologien, politischen Deutungen und Kulturmodellen auf der anderen Seite zu verdeutlichen.

---

[7] *Girolamo Arnaldi*, L'Italia e i suoi invasori. Rom/Bari 2002.
[8] Siehe *Walter Öhlinger*, „Unser sind der Goten, Vandalen und Franken Triumphe". Germanenideologien vom 12. Jahrhundert bis heute. Dipl. Arbeit Wien 1988; *Ulrich Muhlack*, Geschichtswissenschaft im Humanismus und in der Aufklärung. Die Vorgeschichte des Historismus. München 1991.
[9] Allgemein: *Patrick J. Geary*, Europäische Völker im frühen Mittelalter. Zur Legende vom Werden der Nationen. Frankfurt am Main 2001. Einzelne Beispiele in: *Monika Flacke* (Hrsg.), Mythen der Nationen: ein europäisches Panorama. München/Berlin 1998.
[10] Einen kritischen Überblick aus marxistischer Sicht gibt *Perry Anderson*, Von der Antike zum Feudalismus. Spuren der Übergangsgesellschaft. Frankfurt am Main 1978; siehe auch *Chris Wickham*, The Other Transition. From the Ancient World to Feudalism, in: ders., Land and Power. Studies in Italian and European Social History, 400–1200. London 1994, 7–42.

Die traditionelle Erzählung vom Fall Roms unterschied sich also in der positiven oder negativen Wertung des Kulturbruches, aber nur wenig in der Diagnose. Erst später verfestigte sich das konkurrierende Erzählmuster von der Kontinuität der römischen Kultur bis zur islamischen Expansion (Pirenne) oder darüber hinaus (Dopsch).[11] In der Mitte des 20. Jahrhunderts wurde die Suche nach Spuren römischer Kontinuität, sei es in Archäologie, Wirtschafts- oder Rechtsgeschichte, zum wichtigen Forschungsthema, oft in polemischer Auseinandersetzung mit Vertretern der Katastrophentheorie.[12] Radikale Neuinterpretationen frühmittelalterlicher Institutionen lösten heftige Debatten aus, setzten sich aber meistens letztlich nicht durch, etwa die Ableitung der Leges aus dem römischen Vulgarrecht oder die Auffassung, die Barbaren seien nach ihrer Ansiedlung aus Steuergeld, nicht durch Landteilung versorgt worden.[13] Doch hat das Interesse für den allmählichen Wandel kultureller und religiöser Ausdrucksformen während einer nun nicht mehr als bloße Verfallszeit angesehenen Spätantike, angeregt besonders durch die Arbeiten von Peter Brown, den Vorstellungen vom Fall Roms viel von ihrer Schärfe genommen.[14]

Vorherrschend ist heute die Auffassung von einer langfristigen „Umwandlung der römischen Welt", ein Paradigma, das statt der politisch-militärischen Veränderungen der Ablösung römischer Herrschaft im Westen die sozialen und kulturellen Prozesse in ihrer longue durée hervorhebt.[15] Dabei

---

[11] *Alphons Dopsch*, Wirtschaftliche und soziale Grundlagen der europäischen Kulturentwicklung aus der Zeit von Caesar bis auf Karl den Großen. 2 Bde. Wien 1924, Ndr. Aalen 1968; *Henri Pirenne*, Mahomet et Charlemagne. 2. Aufl. Paris/Brüssel 1937.

[12] Einige Beispiele der Debatte um die Kontinuitätsfrage: *Hermann Nehlsen*, Sklavenrecht zwischen Antike und Mittelalter. Germanisches und römisches Recht in den germanischen Rechtsaufzeichnungen. (Göttinger Studien zur Rechtsgeschichte, Bd. 7.) Göttingen 1972; *Franz Staab* (Hrsg.), Zur Kontinuität zwischen Antike und Mittelalter am Oberrhein. (Oberrheinische Studien, Bd. 11.) Sigmaringen 1994; *Ken Dark*, Civitas to Kingdom. British Political Continuity 300–800. London 1994; *Wolf H. G. Liebeschuetz*, The End of the Ancient City. Oxford 2000.

[13] Leges: *Alvaro d'Ors*, Estudios visigóticos II. El Código de Eurico. Rom/Madrid 1960; Barbarenansiedlung: *Walter Goffart*, Barbarians and Romans. A.D. 418–584. The Techniques of Accommodation. Princeton 1980. Noch radikaler: *Jean Durliat*, Les finances publiques de Dioclétien aux Carolingiens (284–889). Sigmaringen 1990. Zur Diskussion: *Walter Pohl* (Ed.), Kingdoms of the Empire. The Integration of Barbarians in Late Antiquity. (The Transformation of the Roman World, Vol. 1.) Leiden/New York/Köln 1997.

[14] *Peter Brown*, The World of Late Antiquity. London 1971; The World of Late Antiquity Revisited. Debate. (Symbolae Osloenses, 77.) Oslo 1997. Unterschiedlich waren die Auffassungen, ob die Spätantike bis ins sechste, siebente oder gar ins achte Jahrhundert dauerte; die Spätdatierung kritisierte *Andrea Giardina*, Esplosione di tardoantico, in: Studi Storici 40, 1999, 157–180.

[15] Der Begriff stammt von *Lynn T. White* (Ed.), The Transformation of the Roman World. Gibbon's Problem after Two Centuries. Berkeley/Los Angeles 1966; ähnlich auch *Franz Georg Maier*, Die Verwandlung der Mittelmeerwelt. (Fischer Weltgeschichte, Bd. 9.) Frankfurt am Main 1968.

können die Akzente durchaus unterschiedlich gesetzt werden. Das zeigte sich auch bei dem europäischen Forschungsschwerpunkt der European Science Foundation unter dem Titel „The Transformation of the Roman World" in den 1990er Jahren, der diesem Forschungsfeld neue Impulse gab.[16] Die „Transformation of the Roman World" ist als Rahmenerzählung wohl zu wenig geschlossen und bietet zu unterschiedlichen Erzählperspektiven Platz, um als Meistererzählung dienen zu können. Anders als ‚Ursprung', ‚Niedergang', ‚Aufstieg' oder ‚Entwicklung' geben Begriffe wie ‚Transformation' oder ‚Wandel' kein Erzählmuster vor.

Freilich, neuerdings ist das Bild von der „Transformation of the Roman World" als „new orthodoxy" heftig kritisiert worden. Die Kritiker meinen sehr wohl, sich mit einer einheitlichen Erzählung von einer blühenden Spätantike und vom fast konfliktfreien Übergang von der Antike ins Mittelalter auseinandersetzen zu müssen.[17] Dagegen wird die Rückkehr zur Meistererzählung vom „Fall Roms" gesetzt, angereichert mit neueren archäologischen Befunden: die politische Katastrophe des weströmischen Kaisertums habe einen vollständigen Kulturbruch herbeigeführt.[18] Die Diskussion wird

---

[16] Siehe u. a. *Pohl*, Kingdoms of the Empire (wie Anm. 13); *Walter Pohl/Helmut Reimitz* (Eds.), Strategies of Distinction. The Construction of Ethnic Communities, 300–800. (The Transformation of the Roman World, Vol. 2.) Leiden/New York/Köln 1998; *Evangelos Chrysos/Ian Wood* (Eds.), East and West. Modes of Communication. (The Transformation of the Roman World, Vol. 5.) Leiden 1999, mit den Beiträgen von Paolo Delogu und Thomas F. X. Noble. Der Begriff stammt von *White*, Transformation (wie Anm. 15).
[17] *Bryan Ward-Perkins*, The Fall of Rome and the End of Civilization. Oxford 2005, 87: „The new orthodoxy is that the Roman world, in both East and West, was slowly, and essentially painlessly, ‚transformed' into a medieval form". Doch die Idee einer allmählichen Transformation setzt keineswegs notwendigerweise die Vorstellung voraus, sie müßte friedlich und „essentially painless" abgelaufen sein; siehe z. B. *Walter Pohl*, The Politics of Change. Reflections on the Transformation of the Roman World, in: ders./Max Diesenberger (Hrsg.), Integration und Herrschaft. Ethnische Identitäten und kulturelle Muster im frühen Mittelalter. (Forschungen zur Geschichte des Mittelalters, Bd. 3.) Wien 2002, 275–288, hier 285: „On the one hand, what we call transformation was accompanied by outbursts of violence and by endless human suffering. We have made considerable progress in interpreting the Vandal invasion of Gaul or the plundering of Rome by Alaric's Goths as literary constructs that owed most of their impact to the force of discourse. We should not forget that there were real people around, too, not only texts. On the other hand, as a factor of transformation, violence may have been less influential than older views would have it. Many cities were plundered or even, as rhetoric has it, razed to the ground, and their inhabitants killed; but they survived as cities."
[18] *Ward-Perkins*, The Fall of Rome (wie Anm. 17). Differenzierter *Peter Heather*, The Fall of the Roman Empire. A New History. London 2005. Zur Diskussion *Pohl*, Völkerwanderung (wie Anm. 4), 257. Die beiden elegant argumentierenden Bände führen zahlreiche berücksichtigenswerte (wenn auch nicht neue) Argumente an; die Beweisführung leidet vor allem daran, daß die Position der Gegner polemisch als pauschale Verharmlosung des Niedergangs der antiken Welt interpretiert wird. Die gewaltsamen Kriegsereignisse und ihre kurzfristig teils katastrophalen Folgen begründen aber nicht automatisch einen grundlegenden wirtschaftlichen und kulturellen Wandel.

zeigen, welches Erklärungspotential diese Rückkehr zur Katastrophentheorie, die „the Fall of Rome" als „the End of Civilisation" beschwört, noch hat. Die Polemik ihrer Vertreter kann jedenfalls eines deutlich machen: Nicht immer entstehen Meistererzählungen als interpretatorische Engführungen einer Vielfalt von Forschungsergebnissen aus den Intentionen der Vertreter einer Forschungsrichtung selbst. Sie können auch auf den Wahrnehmungen von Kritikern und Handbuchautoren beruhen, die sie auf wenige griffige Positionen zu reduzieren verstehen.

II. Überlegungen zu Struktur und Wirkung von Meistererzählungen

Der Wandel von der Antike zum Frühmittelalter kann als Beispiel für den ideologischen Gebrauch von Meistererzählungen und für ideologische Impulse wissenschaftlicher Beschäftigung mit dem Gegenstand dienen. Doch ist Meistererzählung nicht einfach Ideologie. Eine Meistererzählung ist im Sinnvorrat einer Gesellschaft so etwas wie eine Geschichte, die sich von selbst erzählt, und die bei ganz unterschiedlichen politischen oder wissenschaftlichen Argumentationen zur Erläuterung und Begründung eingesetzt werden kann – ähnlich wie der Mythos in vorschriftlichen Gesellschaften.[19] Eigentlich ist der Begriff eine etwas unscharfe Übersetzung des englischen ‚master narrative', so als würde man ‚master plan' mit ‚Meisterplan' übersetzen. Man könnte auch von Metaerzählungen oder, nach Lyotard, von ‚grands récits', ‚Großen Erzählungen', sprechen. Der Begriff Meistererzählung wirft immerhin, wie Konrad Jarausch und Martin Sabrow es formuliert haben, die Frage nach dem Meister der Erzählung auf.[20] Wer hat die Kontrolle über die Deutung der Vergangenheit? Der Begriff ist nicht geschlechtsneutral, was auch kritisch gewendet werden könnte.[21] Weitergedacht, führt die Untersuchung von Meistererzählungen also auch zur Frage nach dem Ort der Wissenschaft in der Gesellschaft und nach der Formierung des Wissens im

---

[19] ‚Grand récit' oder ‚Metaerzählung': *Jean-François Lyotard*, Das postmoderne Wissen. Ein Bericht. Wien/Köln/Graz 1986. Von ‚Great Code', allerdings nur auf die Bibel bezogen, spricht: *Northrop Frye*, The Great Code. The Bible in Literature. Chicago 1982.
[20] *Konrad H. Jarausch/Martin Sabrow*, „Meistererzählung" – zur Karriere eines Begriffs, in: dies. (Hrsg.), Die historische Meistererzählung. Deutungslinien der deutschen Nationalgeschichte nach 1945. Göttingen 2002, 9–32, hier 18. Siehe auch *Matthias Middell/Monika Gibas/Frank Hadler* (Hrsg.), Zugänge zu historischen Meistererzählungen. Leipzig 2000, vor allem die Einleitung der Hrsg., 7–36.
[21] Vgl. *Mary C. Erler/Maryanne Kowalewski* (Eds.), Gendering the Master Narrative. Women and Power in the Middle Ages. Ithaca/New York 2003; *Hanna Schissler*, Hält die Geschlechtergeschichte, was sie versprochen hat? Feministische Geschichtswissenschaft und ‚Meistererzählungen', in: Jarausch/Sabrow (Hrsg.), Meistererzählung (wie Anm. 20), 194–213 (die allerdings kaum auf diese Problematik eingeht).

Kontext von Machtbeziehungen überhaupt, worauf der Diskursbegriff von Foucault abzielt.[22] Die „Ordnung des Diskurses" in diesem Sinn ist Voraussetzung von Meistererzählungen wie Ideologien. Folgt man Hayden White, so werden „in der historischen Erzählung die für eine bestimmte Kultur oder Gesellschaft typischen Systeme der Sinnproduktion gegen die Fähigkeit einer beliebigen Reihe ‚realer' Ereignisse, sich solchen Systemen zu unterwerfen, getestet."[23] Die Geschichtserzählung gibt den vielfältigen und widersprüchlichen historischen Erfahrungen nicht erst durch ihre explizite Deutung, sondern schon durch den Aufbau der Erzählung Sinn. Meistererzählungen strukturieren diesen Prozeß der Sinngebung. Sie können für durchaus komplexe und differenzierte historische Erzählungen den grundlegenden ‚plot' oder die ‚intrigue' bieten.[24] Andererseits können sie ideologischen Vereinfachungen scheinbare Evidenz verleihen.

Das Maß ideologischen Gebrauchs historischer Erzählungen ist freilich sehr unterschiedlich. Die Erzählung von der Überlegenheit der Germanen über das Römertum der Spätantike ist nicht dasselbe wie Deutschnationalismus oder gar nationalsozialistische Ideologie. Sie hat allerdings dazu beigetragen, daß diese Ideologien leichter für wahr und angemessen gehalten werden konnten. Sicherlich ist es kein Zufall, daß Otto Höfler seinen vielbeachteten Vortrag über den germanischen Charakter des mittelalterlichen Staates, in dem er die Heilige Lanze als Wodanssymbol deutete, auf dem Deutschen Historikertag 1937 hielt.[25] Aus dieser Sicht war das mittelalterliche Imperium Ausdruck germanischer Staatskunst, die in der Stauferzeit ihre für lange Zeit höchste Entfaltung fand. Die These von der germanischen Kontinuität wandte sich bewußt gegen die Auffassung von einer römischen Grundlage der Reiche des Frühmittelalters. In durchaus anachronistischer Weise ist noch vor kurzem die Auffassung vertreten worden, der Durchbruch Europas zur Weltherrschaft sei der Durchsetzung der germanischen Staatsidee im Frühmittelalter zu verdanken.[26] Doch im übrigen ist die

---

[22] *Michel Foucault*, Die Ordnung des Diskurses. Frankfurt am Main 1991.
[23] *Hayden White*, Die Bedeutung der Form. Erzählstrukturen in der Geschichtsschreibung. Frankfurt am Main 1990, 61. Siehe auch *Paul Ricœur*, Temps et récit 1: L'intrigue et le récit historique. Paris 1983.
[24] ‚Intrigue': *Ricoeur*, Temps et récit 1 (wie Anm. 23), 66-104.
[25] *Otto Höfler*, Das germanische Kontinuitätsproblem, in: Historische Zeitschrift 157, 1938, 1-26. Vgl. *Heinrich Beck*, Art. „Otto Höfler", in: Reallexikon der germanischen Altertumskunde. Bd. 15. 2. Aufl. Berlin/New York 2000, 30-34.
[26] *Ernst Pitz*, Die griechisch-römische Ökumene und die drei Kulturen des Mittelalters. Geschichte des mediterranen Weltteils zwischen Atlantik und Indischem Ozean 270-812. (Europa im Mittelalter, Bd. 3.) Berlin 2001. Seine Schlußfolgerung (ebd. 493) lautet, das „vom Konsensprinzip geleitete Zusammenwirken von Herrscher und Beherrschten" habe letztlich den Erfolg des Abendlandes bewirkt; dem im Romgedanken verhafteten Byzanz und der arabisch-muslimischen Welt hingegen „fehlte ein Staatsgedanke von der Durchschlagskraft des germanischen Konsens- und Genossenschaftsprinzips".

These von der Überlegenheit germanischer Staatlichkeit ebenso aufgegeben wie die Vorstellung vom Glanz des mittelalterlichen Imperiums.

An Hand herkömmlicher Meistererzählungen, die ihre Evidenz bereits weitgehend eingebüßt haben, werden die kognitiven Modelle und narrativen Strategien deutlicher, die daran anknüpften. Die historische Analyse kann weitgehend unterbleiben, die Erzählung orientiert sich am narrativen Grundschema. Dabei wird aber keineswegs der Eindruck von Zwangsläufigkeit erweckt, im Gegenteil: Immer wieder entscheiden gewonnene oder verlorene Schlachten[27], plötzliche Todesfälle[28], gute oder schlechte Herrscher, der Eigensinn des Adels oder der Beamten über den Fortgang des Geschehens. Meistererzählungen sind nicht notwendigerweise gleichbedeutend mit Geschichtsphilosophie samt ihrer teleologischen Zwangsläufigkeit. Sie lassen sich gut mit Wendepunkten, Zufälligkeiten und vor allem mit Leistung oder Versagen menschlicher Akteure kombinieren, die je nachdem ihrer ‚historischen Aufgabe' gerecht werden oder nicht. Die Erzählform beruht ja auf Konflikten, Gegenkräften und retardierenden Momenten, die schließlich überwunden werden.

Wie beeinflussen Meistererzählungen das historische Erzählen? Zunächst bieten sie einen kohärenten Rahmen, in dem die Schlußfolgerung bereits zur Verfügung steht. Das erspart bis zu einem gewissen Grad das Abwägen alternativer Deutungen und erleichtert die Anordnung des Materials. Die narrativen Strategien können ganz unterschiedlich sein. Manchmal tritt die Meistererzählung so weit zurück, daß scheinbar die Quellen selbst sprechen. Solange zwischen Autor und Leser Einigkeit über die zugrunde liegende Erzählung besteht, kann die Illusion entstehen, daß dabei gar keine Deutung von außen an die Quellen herangetragen wird. Dem Dispositiv der Großen Erzählung zu folgen, erfordert zuweilen auch ständige Anstrengungen der Rückbindung, um den Quellen etwas abzugewinnen, was in diesen gar nicht steht. Vor allem in der älteren Forschung verbreitet ist darüber hinaus eine Rhetorik, die ständig historische Aufgaben, welthistorische Entscheidungen und schicksalhafte Konflikte beschwört. Auf diese Weise wird ein mit Bedeutungen überfrachteter historischer Prozeß skandiert. Das ist in der deut-

---

[27] Dazu nur ein Beispiel aus *Pitz*, Die griechisch-römische Ökumene (wie Anm. 26), 171: Hätte Attila auf den Katalaunischen Feldern gesiegt, so hätte sich „eine heidnische, hunnisch-germanische Mischkultur" statt dem Christentum im Abendland durchgesetzt. Das ist zwar eine gänzlich unwahrscheinliche These, doch hilft sie, der Entfaltung einer bereits allzu bekannten Meistererzählung noch Offenheit und Spannung abzugewinnen.
[28] Den frühen Tod des Staufers Heinrich VI. nannte Karl Jordan in der 1970 erschienenen 9. Auflage von Gebhardts Handbuch der deutschen Geschichte „die schwerste Katastrophe in der Geschichte des deutschen Mittelalters, verhängnisvoller als der frühe Tod Ottos II. und Heinrichs III.": *Karl Jordan*, Investiturstreit und frühe Stauferzeit. (Gebhardt Handbuch der deutschen Geschichte. Taschenbuchausgabe, Bd. 4.) München 1973, 175.

schen Reichsgeschichte mit Daten wie ‚751', ‚800' oder ‚919' oft geschehen, aber auch ‚410', ‚451' oder ‚476' sind häufig auf diese Weise dramatisiert worden.

Grundlegend für die Dramaturgie vieler Meistererzählungen ist die Einführung kollektiver Akteure, die als Träger des historischen Geschehens tunlichst mit sich selbst identisch bleiben sollen. Allenfalls können sie im Lauf der Erzählung ans Licht der Geschichte treten oder ihre ‚eigentliche' Rolle übernehmen; die Zugehörigkeit zu den handelnden Kollektiven an sich wird aber in den seltensten Fällen problematisiert. Das können soziale Gruppen sein, denen kohärentes Handeln zugeschrieben wird (wie Adel, Rittertum oder Mönchtum), Religionsgemeinschaften (wie Christentum und Islam) oder Institutionen (wie vor allem ‚die Kirche'). Besonders Völker und Nationen, gedacht als eigenlebige Wesenheiten mit bestimmten Charaktereigenschaften, sind als Akteure in Meistererzählungen beliebt.[29]

Aus heutiger Sicht ist es verblüffend, daß bis weit in die zweite Hälfte des 20. Jahrhunderts hinein an eine völkische Kontinuität der Gentes der Völkerwanderung geglaubt werden konnte. Schon bei den einzelnen Völkern, wie Goten oder Franken, sind seit Wenskus und Wolfram die komplexen Wandlungsprozesse ihrer ethnischen Identitäten deutlich geworden.[30] Ein Pauschalbegriff wie ‚Germanen' aber, Grundlage vieler Meistererzählungen vom Frühmittelalter, ist noch schwerer zu fassen.[31] Der Name verschwand als zeitgenössische Kategorie seit dem 5. Jahrhundert, weil ihm nicht einmal in der Fremdwahrnehmung eine einigermaßen kohärente Realität zugeschrieben werden konnte; er wurde von den Gelehrten der Karolingerzeit in

---

[29] Zu den „nationalhistorischen Segmentierungen der Vergangenheit": *Frank Hadler*, Meistererzählungen über die erste Jahrtausendwende in Ostmitteleuropa. Deutungen des Jahres 1000 in Gesamtdarstellungen zur polnischen, ungarischen und tschechischen Nationalgeschichte, in: Middell/Gibas/Hadler (Hrsg.), Zugänge (wie Anm. 20), 81–93, bes. 83. Siehe auch *Konrad H. Jarausch*, Zur Krise der nationalen Meistererzählungen, in: Jarausch/Sabrow (Hrsg.), Meistererzählung (wie Anm. 20), 140–162, und *Matthias Middell*, Europäische Geschichte oder „global history" – „master narratives" oder Fragmentierung?, in: ebd. 214–252.

[30] *Reinhard Wenskus*, Stammesbildung und Verfassung. Das Werden der frühmittelalterlichen „gentes". 2. Aufl. Köln/Wien 1977; *Herwig Wolfram*, Typen der Ethnogenese. Ein Versuch, in: Dieter Geuenich (Hrsg.), Die Franken und die Alemannen bis zur „Schlacht bei Zülpich" (496/97). (Reallexikon der germanischen Altertumskunde, Erg.-Bd. 19.) Berlin/New York 1998, 608–627; *Walter Pohl*, Tradition, Ethnogenese und literarische Gestaltung: eine Zwischenbilanz, in: Karl Brunner/Brigitte Merta (Hrsg.), Ethnogenese und Überlieferung. Angewandte Methoden der Frühmittelalterforschung. (Veröffentlichungen des Instituts für Österreichische Geschichtsforschung, Bd. 31.) Wien/München 1994, 9–26; *ders.*, Völkerwanderung (wie Anm. 4).

[31] *Walter Pohl*, Der Germanenbegriff vom 3. bis 8. Jahrhundert – Identifikationen und Abgrenzungen, in: Heinrich Beck/Dieter Geuenich/Heiko Steuer/Dietrich Hakelberg (Hrsg.), Zur Geschichte der Gleichung ‚germanisch – deutsch'. (Ergänzungsbände zum Reallexikon der germanischen Altertumskunde, 34.) Berlin/New York 2004, 163–183.

neuem Sinn wieder aufgegriffen. Als Forschungsbegriff mag ‚Germanen' in der Philologie für die Sprecher germanischer Sprachen angemessen sein, gemeinsame archäologische Kultur, Verfassung oder historisches Handeln kann man ihnen im Frühmittelalter nicht zuschreiben, ganz im Gegensatz zum emphatischen und mit Bedeutungen hochaufgeladenen Germanenbegriff der älteren Forschung.[32] Ähnliches gilt für die Kelten. „Romani" ist im Gegensatz dazu immerhin eine zeitgenössisch häufig verwendete Bezeichnung. Daß die deutsche Forschung diesen Quellenbegriff seit jeher je nach dem Kontext als Römer, Romanen oder Rhomäer überträgt, zeigt aber auch hier die tatsächliche Vielfalt, die sich hinter dem Begriff verbirgt.

Wo man mit dem Volksbegriff Schwierigkeiten hat, ist der Begriff der Kultur verbreitet (auch wenn das in der Archäologie eine Zeit lang mit der ‚kulturgeschichtlichen' Lehre Gustaf Kossinnas gleichgesetzt wurde[33]). Auch Kulturen oder Zivilisationen wurden bekanntlich oft als Quasi-Lebewesen verstanden, die geboren werden, blühen und vergehen. Die Entstehung eines historischen Begriffs von Kultur im 18. Jahrhundert, der Kulturen vergleichbar und damit zugleich integrierbar und disponierbar macht, hat Niklas Luhmann skizziert.[34] Das Problem ist zunächst eines der Abgrenzung, was in der frühgeschichtlichen Archäologie derzeit heftig diskutiert wird.[35] Vor allem aber kommt es darauf an, wie Kulturen erzählt werden; sind konkurrierende Kulturen einmal als Subjekte der Handlung fixiert, kommt man leicht zu einer Huntingtonschen Meistererzählung vom „Clash of Civilisations".[36] Das Thema des International Medieval Congress in Leeds 2004, „Clashes of Culture", hat in der Frühmittelalterforschung vor allem Beiträge hervorgerufen, in denen dieses Konzept verworfen wurde.

Der Struktur von Meistererzählungen, darauf weist Frank Rexroth in diesem Band hin, liegt oft die Gegenüberstellung von Gegensatzpaaren zugrunde. Bei der Erzählung vom Frühmittelalter ist das besonders verbreitet. Die durchaus gegensätzlichen Meistererzählungen vom Niedergang der Zivilisation und vom Aufstieg der Germanen setzen jeweils die Vorstellung von einer unausweichlichen Konfrontation von antiker Zivilisation und Barbaren, oder

---

[32] *Walter Pohl*, Die Germanen. (Enzyklopädie deutscher Geschichte, Bd. 57.) München 2000.
[33] *Gustaf Kossinna*, Die Herkunft der Germanen. Zur Methode der Siedlungsarchäologie. (Mannus Bibliothek, Bd. 6.) Würzburg 1911.
[34] *Niklas Luhmann*, Gesellschaftsstruktur und Semantik. Studien zur Wissenssoziologie der modernen Gesellschaft. Bd. 4. Frankfurt am Main 1999, 31–54 u. 138–150.
[35] *Volker Bierbrauer*, Zur ethnischen Interpretation in der frühgeschichtlichen Archäologie, in: Walter Pohl (Hrsg.), Die Suche nach den Ursprüngen (wie Anm. 1), 45–84; *Sebastian Brather*, Ethnische Interpretationen in der frühgeschichtlichen Archäologie. Geschichte, Grundlagen und Alternativen. (Reallexikon der germanischen Altertumskunde, Erg.-Bd. 42.) Berlin/New York 2004.
[36] *Samuel Huntington*, The Clash of Civilizations or the Remaking of the Modern World. New York 1996.

spezifischer, von Römern und Germanen voraus. Wie unangemessen diese pauschale Betrachtungsweise ist, wurde bereits erwähnt. Die Regna des Frühmittelalters beruhten jeweils auf Koalitionen zwischen Militärs meist barbarischer Herkunft, römischen Machtgruppen und christlichen Bischöfen und waren um so erfolgreicher, je umfassender diese Bündnisse waren. Andere vereinfachende Gegensatzpaare, die Gegenstand großer Erzählungen vom anbrechenden Mittelalter wurden, sind ‚Christentum' – ‚Heidentum' oder ‚Staat' – ‚Kirche'.[37] Alte und immer wieder neue Debatten – etwa darüber, wie ‚römisch' oder ‚germanisch' das europäische Mittelalter eigentlich war – basieren häufig auf der Konkurrenz zweier Meistererzählungen, die es unter anderem erlaubt, kritische Beiträge sofort einer der beiden Richtungen zuzuordnen, auch wenn eine solche Selbstverortung gar nicht in der Intention des Autors lag. Die Meistererzählung sorgt in diesem Fall für die Wiedererkennbarkeit einer an sich möglicherweise viel differenzierteren Position, die dennoch polemisch einer bestimmten Richtung zugeordnet werden kann.

Schließlich sind Meistererzählungen teleologisch geprägt. Sie erzählen eine lineare Geschichte, die meist im Spannungsfeld der Großen Erzählung der Moderne schlechthin steht, nämlich derjenigen vom Fortschritt, sei es zum Heil, zur Vernunft, zur Nation oder zur allgemeinen Wohlfahrt. Insofern haben Meistererzählungen einen geschichtsphilosophischen Fluchtpunkt, der allerdings unterschiedlich stark ausgeprägt ist. Die Auflösung der Geschichtsphilosophien in der zweiten Hälfte des 20. Jahrhunderts stellt daher auch ihre Kohärenz in Frage.[38] Doch ist zur Entfaltung von ‚master narratives' die Teleologie vermutlich verzichtbar; es gibt auch durchaus geschlossene und gewichtige Narrative von Verfall, Scheitern und Untergang. Die Geschlossenheit von Meistererzählungen wird ja narrativ und nicht philosophisch hergestellt, auch wenn viele Erzählbögen teleologisch ausgerichtet sein mögen. Entscheidend für ihren Erfolg ist wohl die erfolgreiche Komplexitätsreduktion und die stringente lineare oder dialektische Ordnung der Ereignisse.

Im allgemeinen hat die Kraft der konventionellen Meistererzählungen vom Frühmittelalter nachgelassen, zuviel Dekonstruktionsarbeit ist in der jüngeren Forschung geleistet worden. Es scheint weitgehend Konsens darüber erreicht worden zu sein, daß die großen abstrakten Akteure der Geschichte, wie Adel und Königtum, Christentum und Kirche, Völker und

---

[37] *Walter Pohl*, Die Anfänge des Mittelalters – alte Probleme, neue Perspektiven, in: Goetz/Jarnut (Hrsg.), Mediävistik (wie Anm. 4), 361-378.
[38] *Reinhard Koselleck*, Vergangene Zukunft. Zur Semantik geschichtlicher Zeiten. Frankfurt am Main 1979; *Odo Marquard*, Schwierigkeiten mit der Geschichtsphilosophie. 4. Aufl. Frankfurt am Main 1994; *Herta Nagl-Docekal* (Hrsg.), Der Sinn des Historischen. Geschichtsphilosophische Debatten. Frankfurt am Main 1996.

Kulturen nicht mehr unbefragt als Subjekte der Erzählung dienen können. Gelegentlich wird geradezu bemängelt, daß ein neues ‚master narrative' fehlt. Doch können auch durchaus komplexe Geschichtsdarstellungen eine gewisse Dramaturgie voraussetzen, die sich möglicherweise als Meistererzählung verstehen läßt. Dieser Frage geht der letzte Abschnitt dieses Beitrages nach.

III. Erzählungen vom archaischen Mittelalter heute

Wenn im folgenden Umrisse einer Meistererzählung vom ‚archaischen Mittelalter' skizziert werden, soll das keineswegs suggerieren, daß sich die als Beispiel angeführten Positionen auf ein simples Interpretationsschema reduzieren ließen. Dieser ‚plot' läßt sich bloß als gemeinsames Element im übrigen sehr unterschiedlicher und teils sehr differenzierter Interpretationsmuster und Modelle feststellen. Oft reagiert die düstere Ausgestaltung des frühen (und hohen) Mittelalters auf seine frühere Glorifizierung, wie sie besonders in der deutschen Mediävistik lange üblich war. Nicht zufällig ist daher auch in Deutschland die Reaktion um so heftiger ausgefallen. Daß sich ein weitgehender Konsens über die dunklen Anfänge des Mittelalters herausgebildet hat, ist schon Arnold Angenendt in seinem 1990 erschienenen Handbuch „Das Frühmittelalter" aufgefallen. Der Abschnitt „neue Gesamtbewertung" präsentiert das Paradigma vom „archaischen Frühmittelalter".[39] Hat, so fragt Angenendt zusammenfassend, das Frühmittelalter den qualitativen Sprung der „Achsenzeit" um die Mitte des ersten vorchristlichen Jahrtausends vom Mythos und Ritus zu Logos und Ethos wieder rückgängig gemacht? Wir hätten es also mit einem vor allem mythisch und rituell bestimmten Frühmittelalter zu tun, dessen Menschen weder zur vernunftbestimmten Selbst- und Gesellschaftswahrnehmung noch zur bewußten ethischen Entscheidung imstande waren.

Meistererzählungen vom archaischen Ursprung des Abendlandes spielen vor allem eine Rolle in sektoralen, zeitübergreifenden Entwicklungsgeschichten. Ich möchte mich hier auf drei Beispiele beschränken. Das erste ist der Bereich der Geistes- und Bildungsgeschichte. In Überblickswerken der ‚intellectual history' klafft oft eine Lücke zwischen Augustinus und Thomas

---

[39] *Arnold Angenendt*, Das Frühmittelalter. Die abendländische Christenheit 400–900. Stuttgart 1990, 42–45. Ausführlicher *ders.*, Geschichte der Religiosität im Mittelalter. 2. Aufl. Darmstadt 2000, wo auch Möglichkeiten einer differenzierten und nicht unbedingt abwertenden Betrachtung einer von der Moderne eben unterschiedenen Archaik angesprochen werden. Von einem archaischen Europa des Frühmittelalters sprachen etwa *Karl Bosl*, Europa im Mittelalter. Weltgeschichte eines Jahrtausends. 2. Aufl. Bayreuth 1978, 27, und *Arno Borst*, Lebensformen im Mittelalter. Frankfurt am Main/Berlin 1973, 25.

von Aquin, zwischen den Kirchenvätern und der Scholastik; nichts von Isidor und Beda, von Hrabanus Maurus und der karolingischen Gelehrsamkeit.[40] Im Frühmittelalter, so liest man oft, waren die Klöster Inseln der Schriftlichkeit in einem Meer von Unwissenheit, und auch sie beschränkten sich meist aufs Exzerpieren und Abschreiben.[41] Rosamond McKitterick und ihre Schule haben jedoch deutlich gemacht, wie verbreitet Schriftlichkeit, nicht zuletzt bei Laien, in der Karolingerzeit war und wie komplex die Rezeption und Weiterentwicklung von Wissen verlief. Die 7000 erhaltenen karolingerzeitlichen Handschriften sind sicherlich nur ein Bruchteil dessen, was es einst gab.[42] Natürlich bleibt der Befund einer deutlichen Ausweitung vor allem der pragmatischen Schriftlichkeit im späteren Mittelalter bestehen.[43] Doch eine lineare Erzählung von der langsamen Wiederentdeckung des Schreibens nach einem fast ‚schriftlosen' Frühmittelalter paßt nicht mehr zum derzeitigen Forschungsstand.

Der zweite Bereich ist derjenige der Mentalitätengeschichte und der Geschichte des Körpers, angeregt nicht zuletzt durch das bahnbrechende, aber allzu linear konzipierte Werk von Norbert Elias über den Zivilisationsprozeß.[44] Dieser Prozeß beginnt nach der auf Elias aufbauenden Meistererzählung in einem dunklen Frühmittelalter, als man keine Gabeln kannte, auf den Tisch spuckte und ein König seiner Königin noch auf die Nase schlug. Eine ganze, vor allem von Frühneuzeithistorikern getragene Forschungsrichtung hat den Prozeß der Sozialdisziplinierung als Voraussetzung der industriellen Gesellschaft untersucht und fand dabei die Gegenbilder vorschnell in einem dunklen Mittelalter.[45] Doch gerade im Frühmittelalter wurde einer der bis dahin ehrgeizigsten Versuche unternommen, einen außerordentlich umfangreichen Verhaltenskanon durchzusetzen, der ein christliches

---

[40] Von Augustinus zu Thomas von Aquin springt z.B. *Ernst-Wolfgang Böckenförde*, Geschichte der Rechts- und Staatsphilosophie. Antike und Mittelalter. Tübingen 2002, 214f., mit wenigen Bemerkungen über die „Schriftlosigkeit" des Frühmittelalters.
[41] Ein drastisches Beispiel dieser Auffassung ist das klassische Werk von *Jacques Le Goff*, Les intellectuels au Moyen Âge. Paris 1957, in dem die Existenz von Intellektuellen des Frühmittelalters überhaupt verworfen wird; die Bücher des Frühmittelalters seien nicht (ab)geschrieben worden, um gelesen zu werden, sondern nur als Bußübung.
[42] *Rosamond McKitterick*, The Carolingians and the Written Word. Cambridge 1989; dies. (Ed.), The Uses of Literacy in Early Medieval Europe. Cambridge 1990.
[43] *Michael T. Clanchy*, From Memory to Written Record. England 1066-1307. 2. Aufl. Oxford/Cambridge, Mass. 1993.
[44] *Norbert Elias*, Über den Prozeß der Zivilisation. Soziogenetische und psychogenetische Untersuchungen. 2 Bde. 2. Aufl. Bern 1969.
[45] Zur Diskussion: *Jeroen Duindam*, Norbert Elias und der frühneuzeitliche Hof. Versuch einer Kritik und Weiterführung, in: Historische Anthropologie 3, 1998, 370-387; *Gerd Schwerhoff*, Zivilisationsprozeß und Geschichtswissenschaft. Norbert Elias' Forschungsparadigma in historischer Sicht, in: Historische Zeitschrift 266, 1998, 561-605; *Anette Treibel/Helmut Kuzmics/Reinhart Blomert* (Hrsg.), Zivilisationstheorie in der Bilanz. Beiträge zum 100. Geburtstag von Norbert Elias. Opladen 2000.

Leben ermöglichen sollte. Über die Wirkung kann man unterschiedlicher Meinung sein, doch die ebenso bewußten wie komplexen Bemühungen sind nicht zu leugnen: eine durchorganisierte Hierarchie mit regelmäßiger schriftlicher Kommunikation und Versammlungen zur Entscheidungsfindung; möglichst flächendeckende Verbreitung von Büchern (vor allem der Bibel); regelmäßige Lektüre und Predigt; ein differenziertes System von Bußen und Strafen: systematisches Lobbying bei den weltlichen Mächten; Ausbildung von Spezialisten asketischer Lebensführung mit exakt durchgeplantem Tagesablauf; Bemühungen um die Vereinheitlichung der Zeitrechung und vieles mehr. All das wurde zwischen dem vierten und dem neunten Jahrhundert entwickelt. Aufgeklärten Kirchenkritikern mag es naheliegend erscheinen, daß die Christianisierung zurück zu Mythos und Ritus führte, doch archaisch war die bislang am höchsten organisierte und am stärksten an der Schrift orientierte Religion kaum.

Das dritte Beispiel betrifft eine in der deutschen Mediävistik sehr aktuelle Debatte, nämlich diejenige über den Staat.[46] Nachdem im 19. Jahrhundert aus rechtshistorisch-etatistischer Sicht die Staatlichkeit im Mittelalter meist überschätzt wurde, dient der frühmittelalterliche heute in der Regel als Gegenbild des modernen Staates. Die „Germanic kingdoms" des Frühmittelalters, so meinte Joseph Strayer 1970 in seinem in den USA sehr einflußreichen Buch über die Ursprünge des modernen Staates, seien „in some ways the complete antithesis of the modern state".[47] Deutsche Mediävisten urteilen oft ähnlich über das mittelalterliche Imperium. Johannes Fried konstatierte ein Fehlen von Staatsbewußtsein bei Herrschern wie Gelehrten der Karolingerzeit, was zu einer Kette von politischen Fehlhandlungen geführt habe. „Der Gesamtzusammenhang der politischen Ordnung als ein den Einzelfaktoren König, Volk und Land übergeordnetes und sie einengendes, personen- oder gar systemhaftes Ganzes wird im neunten Jahrhundert noch nicht wahrgenommen."[48] Von Staat oder auch Reich sollte in der Frühmittelalterforschung besser gar nicht die Rede sein, da sonst moderne Staatsvorstellungen in eine ganz andersartige Zeit projiziert würden. Wie weit es in der Karolingerzeit eine abstrakte Vorstellung von staatlicher Ordnung gab,

---

[46] Ausführlich dazu: *Walter Pohl*, Staat und Herrschaft im Frühmittelalter. Überlegungen zum Forschungsstand, in: Stuart Airlie/Walter Pohl/Helmut Reimitz (Hrsg.), Staat im frühen Mittelalter. (Forschungen zur Geschichte des Mittelalters, 11.) Wien 2006, 9–38.
[47] *Joseph R. Strayer*, On the Medieval Origins of the Modern State. Princeton 1970, 13, 15.
[48] *Johannes Fried*, Warum es das Reich der Franken nicht gegeben hat, in: Bernhard Jussen (Hrsg.), Die Macht des Königs. Herrschaft in Europa vom Frühmittelalter bis in die Neuzeit. München 2005, 83–89; *ders.*, „Gens" und „regnum". Bemerkungen zur doppelten Theoriebindung des Historikers, in: Jürgen Miethke/Klaus Schreiner (Hrsg.), Sozialer Wandel im Mittelalter. Wahrnehmungsformen, Erklärungsmuster, Regelungsmechanismen. Sigmaringen 1994, 73–104.

ist diskutierbar.[49] Unabhängig davon fragt man sich, ob moderne historische Begriffe über das Verständnis der Zeitgenossen nicht doch hinausgreifen sollten. Gab es Staat nur, wo Staat gedacht wurde, und zwar als ‚systemhaftes Ganzes'?

Von einem anderen Ansatz her vertrat Gerd Althoff die Vorstellung von einer ottonischen „Königsherrschaft ohne Staat", die auf die brüchig gewordene Meistererzählung vom Hochmittelalter als Blütezeit des römisch-deutschen Kaiserstaates anwortete. Für Althoff stellen die „Rituale, Gesten und Spielregeln, die in ihrer Summe [...] die mittelalterliche Staatlichkeit ausmachen", den Zusammenhalt des Reiches her.[50] Die früh- und hochmittelalterliche Gesellschaft entspreche in vielem der „vorstaatlichen Stufe menschlichen Zusammenlebens".[51] Sowohl Frieds Argumentation von den Wahrnehmungsgrenzen der karolingerzeitlichen Führungsgruppen als auch Althoffs Beiträge zur rituellen und symbolischen Kommunikation vornehmlich in der Ottonenzeit haben der Forschung wichtige Impulse gegeben. Zugleich verweisen sie, bei allen Unterschieden im einzelnen, auf eine Meistererzählung, die das frühmittelalterliche Regnum und Imperium scharf sowohl vom römischen als auch vom staufischen und spätmittelalterlichen Staat abhebt. Vergleichsbeispiele werden eher bei den segmentären „Gesellschaften ohne Staat" der Ethnologie gesucht.[52]

Freilich stellt sich dabei die Frage, ob der Vergleich mit archaischen Gesellschaften nicht zur Projektion ebenso suggestiver Vorstellungen auf das Frühmittelalter führen kann wie die Verwendung moderner Begriffe.[53] Philippe Buc hat vermutet, daß moderne anthropologische Theorie viel den Kategorien des mittelalterlichen christlichen Denkens verdankt, die bereits unseren mittelalterlichen Quellen zugrunde liegen; vielleicht trägt das dazu

---

[49] Siehe *Hans-Werner Goetz*, Regnum. Zum politischen Denken der Karolingerzeit, in: Zeitschrift der Savigny-Stiftung für Rechtsgeschichte, Germanistische Abteilung 104, 1987, 110-189; *ders.*, Die Wahrnehmung von Staat und Herrschaft im frühen Mittelalter, in: Airlie/Pohl/Reimitz (Hrsg.), Staat (wie Anm. 46), 39-58, sowie weitere Beiträge im selben Band.
[50] *Gerd Althoff*, Verwandte, Freunde und Getreue. Zum politischen Stellenwert der Gruppenbindungen im frühen Mittelalter. Darmstadt 1990, 226.
[51] *Gerd Althoff*, Spielregeln der Politik im Mittelalter. Kommunikation in Friede und Fehde. Darmstadt 1997, 14; vorsichtiger *ders.*, Die Macht der Rituale. Symbolik und Herrschaft im Mittelalter. Darmstadt 2003, 13.
[52] *Meyer Fortes/Edward E. Evans-Pritchard* (Eds.), African Political Systems. London 1940; *Fritz Kramer/Christian Sigrist* (Hrsg.), Gesellschaften ohne Staat. Bd. 1: Gleichheit und Gegenseitigkeit, Bd. 2: Genealogie und Solidarität. Frankfurt am Main 1978.
[53] Zur Diskussion um die Rezeption ethnologischer Modelle *Mayke de Jong*, The Foreign Past. Medieval Historians and Cultural Anthropology, in: Tijdschrift voor Geschiedenis 109, 1996, 326-342; *Barbara Rosenwein*, Francia and Polynesia. Rethinking Anthropological Approaches, in: Gadi Algazi/Valentin Gröbner/Bernhard Jussen (Eds.), Negotiating the Gift. Pre-Modern Figurations of Exchange. Göttingen 2003, 361-379; sowie ausführlich *Pohl*, Staat und Herrschaft (wie Anm. 46).

bei, daß ethnologische Modelle für das frühere Mittelalter so angemessen erscheinen.[54] Der Blick des Europäers auf ‚primitive' Gesellschaften war immer schon geschult an der eigenen, lateinischen Tradition. Patrick Geary hat am Beispiel der Herkunftsmythen der Zulu dargestellt, wie europäische Missionare des 19. Jahrhunderts mittelalterliche Origines gentium als Erklärungsmuster ethnischer Identitäten auf afrikanische Völker projizierten.[55] Jedenfalls konnte seit der Aufklärung ein scheinbar universelles Bild von archaischen Gesellschaften entstehen. In der Archaisierung des Mittelalters steckt insofern ein kritisches Potential, als es ein Schritt zu einer Ethnologie Europas ist und die Aufspaltung zwischen einer Geschichte ‚unserer' Zivilisation und einer ‚Natur'-Geschichte fremder Kulturen überwinden hilft. Doch fügt sich die ‚Ethnologie des Mittelalters' allzu leicht in die Akzentuierung einer linearen Fortschrittsgeschichte ein: der alten Meistererzählung, erst die Überwindung einer fremden, frühmittelalterlichen Vorgeschichte habe ‚unsere' Kultur ermöglicht.

Über die Rolle des Staates im Frühmittelalter kann man ebenso wie über frühmittelalterliche Kultur und Zivilisation ganz unterschiedlicher Auffassung sein, und die Debatte darüber sollte nicht durch Reduktion strittiger Auffassungen auf die vergröbernde Dramaturgie von Meistererzählungen geführt werden. Gerade die Positionen Frieds und Althoffs zeichnen sich durch das Bestreben aus, die Kollektivsubjekte und Teleologien älterer Meistererzählungen vom ‚deutschen Staat des Mittelalters' aufzulösen und durch die Frage nach den Akteuren und ihrem Wissens- und Motivationshorizont zu ersetzen. Doch im Kräftefeld immer noch wirkmächtiger Meistererzählungen kann der Abbau der einen leicht zur Affirmation einer anderen führen.

Die Frage ist immer, welche Geschichte aufgrund von in der Forschung eingenommenen Positionen erzählt wird oder werden kann. Das ist zum ersten wichtig in polemischen Debatten, die meist zu einer Zuspitzung gerade der Gegenposition (teils auch der eigenen) führen. Solche Polemiken können Diskussionen stimulieren, aber auch verfestigte Argumentationsmuster und Erzählweisen erzeugen. Zweitens führt die Vermittlung von Forschungsergebnissen an eine breitere Öffentlichkeit notwendigerweise zu einer Kom-

---

[54] *Philippe Buc*, The Dangers of Ritual. Between Early Medieval Texts and Social Scientific Theory. Princeton 2001, bes. 223–227. Für zentral hält er das Werk von Emile Durkheim, der in seinen grundlegenden religionssoziologischen Studien hinter den Erscheinungen, den vielfältigen Glaubensinhalten und zeremoniellen Formen die Funktion suchte und daher aus ihnen ein relativ zeitresistentes ‚kollektives Bewußtsein' abstrahierte, das sich in rituellen ‚kollektiven Repräsentationen' ausdrückt und dadurch die Gesellschaft zusammenhält: *Émile Durkheim*, Les formes élémentaires de la vie réligieuse. Paris 1911.
[55] *Geary*, Völker (wie Anm. 9), 77–90. Vgl. auch *Jean-Loup Amselle*, Logiques métisses. Anthropologie de l'identité en Afrique et ailleurs. Paris 1990, der zeigt, wie im französischen Westafrika von Ethnologen Völker ‚konstruiert' wurden.

plexitätsreduktion. Die Mittelalter-Filme der letzten Zeit zeigen die Bereitschaft des Publikums, statt den traditionellen Mittelalterklischees einer geordneten Welt des Rittertums einer noch fremderen, wenngleich aus anderen filmischen Genres seltsam vertrauten Fantasy-Welt archaischer Gewalt und Barbarei zu begegnen.[56] Der emphatische Verweis auf den archaischen Charakter des Frühmittelalters ruft also leicht eine dramatische Assoziationswelt hervor.

Zum Dritten liegt ein Problem in der interdisziplinären Verständigung. Eine Frühmittelalterforschung, die ihre Geschichtserzählung in einem kulturwissenschaftlichen Diskurs über archaische Gesellschaften ansiedelt, kann zwar von den Nachbarwissenschaften leichter rezipiert werden. Es ist betrüblich, wie selten die Ergebnisse mediävistischer Forschung außerhalb des Faches wahrgenommen werden. Doch das Risiko besteht darin, daß in der interdisziplinären Kommunikation hauptsächlich Etiketten und Überschriften zählen. Wenn auf dem Etikett ‚archaisch' steht, ist es wahrscheinlich, daß sich auf der Grundlage durchaus differenzierter mediävistischer Studien eine altbekannte Meistererzählung von den dunklen Ursprüngen der europäischen Moderne im Frühmittelalter weiter verfestigt. Andererseits sollte ebensowenig die Modernität des Frühmittelalters betont werden. Wenn hier das Problem einer archaisierenden Sicht jener Zeit aufgeworfen wurde, dann sicherlich nicht, um einer längst überwundenen Gegenposition wieder zum Durchbruch zu verhelfen. Hier ist Selbstreflexion nötig.[57]

Die Meistererzählungen vom Frühmittelalter haben eines gemeinsam: Sie knüpfen dieses als Verfalls-, Übergangs- oder Ursprungszeit an eine andere Epoche, die das eigentliche Interesse beansprucht. Eine vielhundertjährige Periode wird interpretiert durch den Niedergang der Antike oder die Entfaltung der von den Germanen mitgebrachten Lebensformen, als Gegenbild oder als Ursprungszeit der Moderne, oder zuletzt als ‚das Andere' in Analogie zu den archaischen Gesellschaften außerhalb Europas. Solche großen Erzählungen sollten nicht davon ablenken, das frühe Mittelalter aus sich selbst heraus zu verstehen, in all seiner Vielfalt und Widersprüchlichkeit. Wie wir als Historiker davon erzählen, und ob sich daraus neue Meistererzählungen bilden, sollten wir beständig mit reflektieren. Nicht jedes ‚master narrative' muß falsch sein; Meistererzählungen können durchaus als produktive Herausforderungen wirken. Doch schränken sie mehr oder weniger unmerklich die Bandbreite der möglichen Interpretationen historischer Befunde ein. Kurzschlüsse entstehen, und gerade die Arbeiten weniger inspirierter Historiker und Historikerinnen neigen dann dazu, die erwarteten Ergebnisse an immer neuem Material zu bestätigen. Der Nutzen einer expliziten

---

[56] Paradoxerweise sehr einflußreich für die neuere Bildsprache in der Darstellung des europäischen Mittelalters war „Die sieben Samurai" von Akira Kurosawa.
[57] Siehe auch *Jarausch*, Zur Krise der nationalen Meistererzählungen (wie Anm. 29), 162.

Beschäftigung mit den Meistererzählungen vom Mittelalter liegt sicher nicht darin, neue Möglichkeiten pauschaler Zurückweisung von Gegenpositionen zu schaffen, indem diese als Varianten einer Meistererzählung abgetan werden. Doch sollte das Nachdenken über Meistererzählungen zur Wachsamkeit auffordern. Die Mediävistik muß sich beständig darüber Rechenschaft ablegen, welche Geschichte sie erzählt.

Die Periodisierung der lateinischen Literatur des Mittelalters – literaturwissenschaftliche Meistererzählungen als axiomatische und narrative Muster der Objektkonstitution und Strukturbildung

Von

Thomas Haye

Literaturen sind quantitativ bedeutende Textsummen, zu deren Organisation in Diskursen und Gattungen die Literarhistorie[1] auf Meistererzählungen angewiesen ist.[2] Es ist evident, daß solche Meistererzählungen, hier im engeren Sinne verstanden als unausgesprochene, den narrativen Rahmen bestimmende Meta-Erzählungen, interpretiert als die Großdeutungen und fundamentalen Muster, gleichsam das Rückgrat des Genus Literaturgeschichte bilden.[3] Literarhistorische Synthesen steuern zudem die große Zahl der sie flankierenden Detailstudien und bilden die mentale Forschungsgrundlage einer jeden Philologie.[4] Aus diesem Grund ist „die Geschichte der Literaturgeschichte"[5] zugleich auch die Geschichte der Meistererzählungen. Die narrative Leistung des Synthetisierens und Organisierens, welche innerhalb dieses Genres erbracht wird, verdient zunächst einmal Respekt. Es wäre allzu billig, die in solchen Organisationen enthaltenen narrativen Konstruktionsmuster gleichsam „entlarven" und ihre Herrschaftsbilder „stürmen" zu wollen. Die sogenannten „Meister" sind in der Regel keine bewußt manipulierenden Akteure, sondern Opfer ihres eigenen Vorverständnisses

---

[1] Zum Genre vgl. einführend *Jörg Schönert*, Literaturgeschichte, in: Harald Fricke (Hrsg.), Reallexikon der deutschen Literaturwissenschaft. Bd. 2. Berlin/New York 2000, 454–458.
[2] Selbst wer sich dem diskursiven Genre verweigert und statt dessen das Format einer „postmodernen Enzyklopädie" (vgl. hierzu *David Perkins*, Is Literary History Possible? Baltimore/London 1992, 53–60.) wählt, wird sich in Sprache und Deutung nicht vollständig aus den Ketten der Meistererzählung befreien können.
[3] Vgl. *Ernst Robert Curtius*, Europäische Literatur und lateinisches Mittelalter. 3. Aufl. Bern/München 1961, 25: „Wie die europäische Literatur nur als Ganzheit gesehen werden kann, so kann ihre Erforschung nur historisch verfahren. Nicht in der Form der Literaturgeschichte! Eine erzählende und aufzählende Geschichte gibt immer nur katalogartiges Tatsachenwissen. Sie läßt den Stoff in seiner zufälligen Gestalt bestehen. Geschichtliche Betrachtung aber hat ihn aufzuschließen und zu durchdringen." Vgl. *Perkins*, Literary History (wie Anm. 2), 19: „The writing of literary history involves selection, generalization, organisation, and a point of view."
[4] Zum theoretischen Hintergrund vgl. *Klaus Uhlig*, Theorie der Literarhistorie. Prinzipien und Paradigmen. (Britannica et Americana, 3. Folge, Bd. 1.) Heidelberg 1982.
[5] Zur Geschichte der Literaturgeschichte vgl. *Uwe Japp*, Beziehungssinn. Ein Konzept der Literaturgeschichte. Frankfurt am Main 1980, 15.

und Sklaven der Narrativik. Meistererzählungen scheinen unumgänglich zu sein, doch ist es gerade deshalb notwendig, sie zu reflektieren und ihre jeweiligen Axiome und unausgesprochenen Annahmen in Frage zu stellen.

Die prägende Kraft philologischer Meistererzählungen zeigt sich auf drei Ebenen. So sind auf der literaturgeschichtlichen Makroebene zunächst vier strukturbildende Axiome zu benennen, die den Meistererzählungen Vorschub leisten und die auch in den Darstellungen zur lateinischen Literatur des Mittelalters zugrunde gelegt werden:

Das erste Axiom ist das der Serialität: Es liegt in der Natur eines jeden geschriebenen Textes, alle Informationen als ein Nacheinander zu präsentieren. Einem solchen Gesetz unterliegt auch die Literaturgeschichtsschreibung. In der Konsequenz führt dieses narrative Gesetz jedoch zu einer Ausdünnung der Gleichzeitigkeit. So werden auch in der Mediolatinistik nicht wenige literarische Entwicklungen, die zeitlich parallel verlaufen sind, als eine Sukzession einander ablösender Phänomene dargestellt.

Das zweite suggestive Axiom operiert mit der linearen Genese: Die zu behandelnden Texte werden als ein lebendes Gewebe präsentiert, das sich genetisch und organisch entwickelt. Die Parole dieses Axioms lautet: „Litteratura non facit saltus!" Die durch einen didaktischen Impuls motivierte Neigung des Literarhistorikers zu einer den Leser befriedigenden Einordnung und Erklärung aller überlieferten Texte schafft Kontinuitäten, Verbindungen und harmonische Übergänge[6], wo doch eher der Zufall und das textproduktive Chaos regiert haben. Ernst Robert Curtius hat hierzu in seinem Klassiker „Europäische Literatur und lateinisches Mittelalter" treffend vermerkt: „Kontinuität! [...] Sie vollzieht sich auf allen Stufen, [...] vom Zusammenstückeln eines Cento bis zu einer Meisterschaft des lateinischen Verses, die den antiken Mustern gleichkommt – es gibt mittelalterliche Gedichte, bei deren Datierung noch die Philologen des 19. Jahrhunderts um ein Jahrtausend geschwankt haben. [...] Es gibt [...] auch bewußtes Rückgreifen auf entlegene Bestände, wobei Jahrhunderte übersprungen werden."[7] Nicht jeder Text läßt sich somit genetisch aus seinem chronologischen Umfeld heraus erklären. Gerade die mittellateinische Literatur neigt zur Sprunghaftigkeit, weil sie in weiten Teilen als eine Kette isolierter Rückgriffe auf pagan-antike, biblische oder patristische Muster organisiert ist. Wie der Geschichtswissenschaftler die Ereignisse „ordnet", so stellt der Literarhistoriker die überlieferten Texte in eine Serie, deren chronologisches und syntaktisches Nacheinander[8] dem Leser sogar dann eine Logik suggeriert, wenn diese vom Verfasser der Literaturgeschichte überhaupt nicht intendiert ist. Die narrative Linearität führt zu bewußter oder unbewußter Sinnstiftung.

---

[6] Vgl. ebd. 18. Zur „Lehre vom Sprung" vgl. ebd. 125–142.
[7] *Curtius*, Europäische Literatur (wie Anm. 3), 395f.
[8] Vgl. *Hayden White*, Der historische Text als literarisches Kunstwerk, in: Christoph Conrad/Martina Kessel (Hrsg.), Geschichte schreiben in der Postmoderne. Beiträge zur aktuellen Diskussion. Stuttgart 1994, 123–157, hier 142.

Das dritte makrostrukturelle Element der Meistererzählung liegt in der Eindimensionalität des Erzählten vor: Die Verfasser der Literaturgeschichten sehen sich in der Pflicht, den sogenannten „Charakter" einer Epoche herauszuarbeiten. Dabei bedienen sie sich vielfach einer reduktionistischen Technik, durch die das nicht ins Bild Passende als unbedeutend oder gar als „Anachronismus" marginalisiert und eliminiert wird.

Das vierte unausgesprochen strukturbildende Element ist das der Teleologie.[9] Hierbei wird der behandelten Literatur ein historisches Ziel, mehr noch: eine historische Aufgabe zugewiesen, welche sie zu erfüllen hat. So notiert etwa Karl Langosch, einer der großen Vertreter und Förderer der Mittellateinischen Philologie, in seiner zuletzt 1988 aufgelegten Einführung: „Mit dieser [sc. der lateinischen – Th. H.] Sprache trachtete das Mittelalter zur Hauptsache danach, eine Literatur hervorzubringen, [...] [welche – Th. H.] die dieser Menschheitsepoche von der Geschichte gestellte Aufgabe, eine neue Kultur zu schaffen, aus eigener Kraft mitlöste."[10] Die Latinität avanciert hier zum Subjekt der Weltgeschichte und rückt als solches in eine über die spätere philologische Kritik erhabene Position.

Meistererzählungen greift man nicht nur auf dieser fundamentalen, axiomatischen Ebene, sondern auch in der konkreten literaturgeschichtlichen Konstituierung und Aufbereitung des Materials (hier pragmatisch als Mesoebene bezeichnet). Ein zentrales Instrument der literarischen Objektkonstitution ist die Periodisierung, welche Epochengrenzen imaginiert und Verlaufsmuster bestimmt.[11] Die zeitliche Konstituierung der lateinischen Literatur des Mittelalters ist in besonderem Maße durch Meistererzählungen geprägt, da sich diese Literatur – im Gegensatz etwa zu ihren volkssprachlichen „Schwestern" – einer primär linguistischen[12] oder „nationalen"[13], gleichsam aus ihrem eigenen Material geschöpften Bestimmung entzieht.

---

[9] Zu den Parallelen innerhalb der germanistischen Literaturwissenschaft vgl. *Wolfgang Harms*, Metapherngesteuerte Wertungen in Literaturgeschichten und deren Auswirkungen auf die Ziele der Beschäftigung mit Literatur und auf die Kanonbildung, in: Peter Wiesinger (Hrsg.), Akten des X. Internationalen Germanistenkongresses Wien 2000: Zeitenwende – Die Germanistik auf dem Weg vom 20. ins 21. Jahrhundert. Bd. 8. Bern u. a. 2003, 33–38, hier 34.
[10] *Karl Langosch*, Lateinisches Mittelalter. Einleitung in Sprache und Literatur. 5. Aufl. Darmstadt 1988, 10.
[11] Zur Periodisierung innerhalb der Germanistik, insbesondere zur Zäsur zwischen Älterer und Neuerer deutscher Literaturwissenschaft, vgl. *Harms*, Metapherngesteuerte Wertungen (wie Anm. 9), 33.
[12] Zum linguistischen Profil vgl. *Peter Stotz*, Handbuch zur lateinischen Sprache des Mittelalters. 5 Bde. (Handbuch der Altertumswissenschaft, Abt. 2, T. 5.) München 1996–2002, hier insbes. Bd. 1, 1–35.
[13] Zu den Problemen einer nationalen Literaturgeschichte innerhalb der Germanistik vgl. *Jürgen Fohrmann*, Das Projekt der deutschen Literaturgeschichte. Entstehung und Scheitern einer nationalen Poesiegeschichtsschreibung zwischen Humanismus und Deutschem Kaiserreich. Stuttgart 1989.

Wer die lateinische Literatur des Mittelalters zum Objekt erhebt, muß die These epochaler Zäsuren vertreten. Vielfältig sind daher die Versuche, das Lateinische des Mittelalters abzugrenzen: gegen die Spätantike einerseits und gegen die Frühe Neuzeit andererseits. Hinzu tritt eine ständig verfeinerte Binnendifferenzierung des Objektes. Was Hayden White und andere für die Geschichtswissenschaft gezeigt haben, gilt selbstverständlich auch für die Literaturwissenschaften: Der Literarhistoriker ist ein Geschichtenerzähler. Seine Geschichten müssen gleichsam „rund" sein, d. h. sie brauchen nicht nur einen Anfang und ein Ende, sondern auch einige dramatische Höhe- und Wendepunkte.[14] Damit die erzählten Geschichten „funktionieren", müssen die überlieferten Texte in ein diachrones (diskursives oder narratives) Muster gebracht werden, d. h. sie müssen Epochen, Gattungen, Stilrichtungen oder Schulen zugeordnet werden. Die wohl spektakulärste literaturgeschichtliche „Plotstruktur" (im Sinne Whites)[15] ist die der „Renaissance", ein Muster, das jedem Leser von Literaturgeschichten vertraut ist und heute geradezu inflationär verwendet wird (man denke an die „karolingische" und die „ottonische" Renaissance, an die „Renaissance des 12. Jahrhunderts" und schließlich auch an die „italienische Renaissance").

Hier sei eine Bemerkung zum philosophischen und philologischen Status solcher narrativen Muster erlaubt: Zwar hat White zu Recht betont, daß stets mehrere, unterschiedliche Plotstrukturen denkbar sind[16], dennoch muß man nicht so weit gehen, in der jeweiligen Wahl des Musters ein „fiktionales" Element zu sehen.[17] Denn die Basis und Essenz einer jeden Literaturgeschichte besteht in der primär chronologischen Präsentation der realiter überlieferten Werke, d. h. in dem berühmten, von Hugo Kuhn so genannten „Gänsemarsch der Texte und Verfasser"[18], welcher als der naivste Plot überhaupt anzusehen ist.[19] Die Literaturgeschichte operiert zwar mit Metaphern, doch muß sie nicht zwangsläufig in den Zustand einer sogenannten „fortgesetzten Metapher" münden.[20] Indem der Literarhistoriker die einzelnen Wer-

---

[14] Vgl. *Hayden White*, Metahistory. The Historical Imagination in Nineteenth-Century Europe. Baltimore/London 1973; deutsche Übersetzung: Metahistory. Die historische Einbildungskraft im 19. Jahrhundert in Europa. Frankfurt am Main 1991. Zusammengefaßt in: *White*, Der historische Text (wie Anm. 8), 126f.
[15] Ebd. 129.
[16] Ebd. 145.
[17] So ebd. 154f.
[18] *Hugo Kuhn*, Entwürfe zu einer Literatursystematik des Spätmittelalters. Tübingen 1980, X, bemerkt in seinen (postum herausgegebenen) Notizen zu einem nicht geschriebenen Grundriß der deutschen Literatur des Mittelalters: „Beweggrund: Literaturgeschichte nicht länger Gänsemarsch der Texte und Verfasser, verbrämt durch ein paar kultur-, geistes-, sozialgeschichtliche Allgemeinheiten und Verallgemeinerungen."
[19] Vgl. hierzu *Curtius*, Europäische Literatur (wie Anm. 3), 25.
[20] Die „historische Erzählung" als „fortgesetzte Metapher" bei *White*, Der historische Text (wie Anm. 8), 141.

ke zu einem Diskurs verknüpft, gibt er zweifellos einer bestimmten Ideologie Raum[21], doch führt diese Ideologie nicht unbedingt zu einem fiktionalen Text[22], zumindest nicht in den Darstellungen zur mittellateinischen Literatur, welche trotz erheblicher Überlieferungsverluste eine so hohe Dichte von zeitlich, räumlich und institutionell vernetzten Texten[23] aufweist, daß der Literarhistoriker auf einer materiell gut gesicherten Grundlage schreiben kann. Die in den mediolatinistischen Darstellungen vorgenommene Sinnstiftung ist zweifellos ein poetischer Akt.[24] Das Produkt dieses Aktes läßt sich als „Literatur" bezeichnen, jedoch handelt es sich dabei um eine Literatur, deren fiktionale Elemente keine narrative Dominanz besitzen.

Die wichtigsten Muster meisterlicher Erzählung sind hinreichend bekannt.[25] David Perkins hat hierzu pointiert, doch durchaus treffend gesagt: „The possible plots of narrative literary history can be reduced to three: rise, decline, and rise and decline."[26] Eine solche Typologie wird auch durch die Synthesen der Latinistik bestätigt: Alle ihre literaturgeschichtlichen Darstellungen sind durch die Opposition von Klimax und Antiklimax bestimmt. Es begegnet etwa das dynamische Trikolon „Aufstieg – Höhepunkt – Verfall" und auch der personelle Dreiklang „Vorläufer – Klassiker – Epigonen". Als bipolare Skala angelegt ist hingegen das gleichfalls beliebte Schema einer Entwicklung „von den Anfängen bis zur Vollendung". Es ist aufschlußreich, daß jene Literaturgeschichten, welche sich dieses Musters bedienen, im 12. Jahrhundert enden und auf eine Darstellung des späten Mittelalters verzichten.[27] Vertreten ist selbstverständlich auch das schon in der Philologie des 16. Jahrhunderts verbreitete Schema vom „Verfall und Wiederaufstieg" der Latinität innerhalb des frühen Mittelalters.[28] Die Darstellung einer oszil-

---

[21] Vgl. *Japp*, Beziehungssinn (wie Anm. 5), 17f.
[22] Vgl. ebd. 17: „Die Literaturgeschichte ist zwar durch das Vorhandensein der Werke und damit jene vage Einheit, die wir Literatur nennen, präfiguriert; aber sie ist keineswegs hinsichtlich ihrer Struktur und Gestalt determiniert."
[23] Neben der Anordnung der Texte nach Gattungen und Schulen bietet es sich im Falle der mittellateinischen Literatur auch an, die vielfältigen persönlichen Kontakte zwischen den Verfassern zu berücksichtigen.
[24] Vgl. *White*, Metahistory (dt.) (wie Anm. 14), 11.
[25] Zu den Metaphern „Aufschwung", „Blüte" und „Verfall" in der deutschen Literaturgeschichtsschreibung des 19. Jahrhunderts vgl. *Wolfgang Pfaffenberger*, Blütezeiten und nationale Literaturgeschichtsschreibung. Eine wissenschaftsgeschichtliche Betrachtung. Frankfurt am Main u. a. 1981.
[26] *Perkins*, Literary History (wie Anm. 2), 39.
[27] Vgl. etwa die Gliederung bei *Karl Langosch*, Mittellatein und Europa. Führung in die Hauptliteratur des Mittelalters. Darmstadt 1990: „I. Die Grundlegung" (behandelt den Zeitraum von 500 bis 850 n. Chr.); „II. Der Aufbau" (ca. 850–1050); „III. Die Vollendung" (ca. 1050–1200); „Ein mittellateinischer Ausklang" (Beispiele aus dem 13. Jahrhundert).
[28] Vgl. die Gliederung bei *Gustav Gröber*, Übersicht über die lateinische Litteratur von der Mitte des VI. Jahrhunderts bis zur Mitte des XIV. Jahrhunderts. München 1963 (Ndr.

lierenden Literatur hat zur Konsequenz, daß alles, was nicht als Hoch- oder als Tiefpunkt erscheinen kann, zur sogenannten „Zwischenzeit" degradiert werden muß, in der das Neue bereits angelegt, jedoch noch nicht realisiert worden ist.[29] Es sei hier angemerkt, daß sich innerhalb der gesamten Latinität des Mittelalters kein einziges autobiographisches oder autopoetisches „testimonium" finden läßt, in dem sich ein Schriftsteller selbst einer solchen „Zwischenzeit" zurechnen würde.

Meistererzählungen wirken auch in der – vorzugsweise mit Oppositionspaaren arbeitenden – Bewertung der textuellen Objekte[30]: Am beliebtesten sind hier die folgenden Attribute: erstens „modern" versus „archaisch"; zwei-

aus: *Gustav Gröber* [Hrsg.], Grundriß der romanischen Philologie. Bd. 2/1. Straßburg 1902.): „Erster Zeitraum: Verfall der Litteratur" (ca. 550–800); „Zweiter Zeitraum: Kirchliche Renaissance" (800–1000); „Dritter Zeitraum: Blütezeit der mittellateinischen Litteratur" (1000–1350).

[29] Vgl. den Aufbau bei *Franz Brunhölzl*, Geschichte der lateinischen Literatur des Mittelalters. Bd. 2. München 1992: „Drittes Buch. Die Zwischenzeit vom Ausgang des karolingischen Zeitalters bis zur Mitte des elften Jahrhunderts"; „Erster Abschnitt: Von der Karolingerzeit ins zehnte Jahrhundert"; „Zweiter Abschnitt: Die Zwischenzeit in den verschiedenen Teilen der lateinischen Welt". Zur Begründung der Binnendifferenzierung erläutert *Brunhölzl*, Bd. 1, München 1975, 20 f.: „Sie [sc. das zehnte und elfte Jahrhundert – Th. H.] tragen in ihrer Unbestimmtheit das Signum einer Phase des Übergangs. Neben dem Auslaufen und Erstarren, vielleicht auch Zerbröckeln dessen, was von der karolingischen Erneuerung ausgegangen ist, werden da und dort Ansätze zu Neuem sichtbar, die aber vorerst noch nicht erkennen lassen, ob ihre Wirkung auf den engsten Umkreis beschränkt bleiben wird [...]." *Brunhölzl*, Bd. 2, 11: „Im Blick auf die Literatur erscheint die Epoche vom Ende der Herrschaft der Karolinger bis auf Heinrich III. und kurz danach als eine ausgesprochene Zwischenzeit: ein Zeitabschnitt, der zwischen zwei Höhepunkten liegt, der karolingischen Erneuerung auf der einen, der vollen Entfaltung der mittelalterlichen lateinischen Welt auf der anderen Seite, ohne doch selbst einen Höhepunkt zu besitzen, eine Zwischenzeit aber auch, weil sie nicht von einer geradlinigen Entwicklung gezeichnet wird [...]." Vgl. auch die literarische Dramatisierung einer Zwischenzeit bei *Brunhölzl*, Bd. 2, 23 f.: „Wir haben uns die Aufgabe gestellt, die Literatur eines Zeitalters zu erfassen, an dessen Beginn das Dahinschwinden der ehemals mächtigsten Dynastie [sc. der Karolinger – Th. H.] steht, der unwiderrufliche Zerfall eines Großreiches und die Bedrängnis der Völker, die es einst getragen; das Schrifttum einer Epoche, die dort enden soll, wo mit den ersten Saliern das mittelalterliche Kaisertum auf den Gipfel seiner Macht gelangt, ehe in den Jahrzehnten des vierten Heinrich die tiefste Kluft zwischen den beiden höchsten Gewalten der mittelalterlichen Welt aufbrechen wird; die lateinische Literatur einer Zeit, die ihre wesentlichen Züge aus dem Festhalten an einer Erneuerung empfängt, deren Kraft längst erloschen war. Gleichwohl hat dieses Zeitalter auf manchen Gebieten Neues geschaffen und läßt auf anderen doch Ansätze zu Neuem erkennen; gerade dadurch aber, daß es, das geistige Erbe bewahrend, dessen Güter in Routine verflachen läßt, beginnt es über sich selbst hinauszuwachsen und trifft so gleichsam die Vorbereitungen für einen neuen Aufstieg, der in kurzer Frist zu ungeahnten Höhen führen wird."

[30] Vgl. *Perkins*, Literary History (wie Anm. 2), 46: „Most narrative literary history is weighed down by commentary. The reason for this is partly that literary history includes literary criticism."

tens „fortschrittlich-innovativ"[31] versus „konservativ-traditionell"; schließlich drittens: „antikisierend" oder „klassizistisch" versus „genuin mittelalterlich".[32] In solchen, in der Regel nicht hinterfragten Epitheta zeigen sich fundamentale Paradigmen: Die lateinische Literatur des Mittelalters wird entweder an den Normen der Klassischen Antike gemessen, genauer gesagt: gemäß der Frage, ob sie diese antiken Normen akzeptiert und erfüllt[33]; oder die Literatur wird daran gemessen, ob sie sich von der vermeintlich obsoleten Antike zu befreien sucht[34]. Schließlich wird gerade die Literatur des späten Mittelalters auch danach bewertet, ob in ihr zumindest punktuell die vermeintliche Modernität der Frühen Neuzeit aufscheint. Die qualitative und insbesondere ästhetische Bewertung der mittelalterlichen Texte wird somit wesentlich durch das Kriterium des Emanzipationswillens oder – alternativ – durch das Kriterium der mimetischen Kompetenz bestimmt. In der Wahl der jeweiligen Kriterien zeigen sich die unterschiedlichen Perspektivierungen der erzählenden Meister: Das Mittellateinische kann entweder als Verlängerung antiker Literatur und somit als Phänomen der Rezeption und des „Fortlebens" präsentiert werden (so etwa die Retrospektive eines Max Manitius)[35], oder aber das Mittellateinische figuriert als Kompagnon und Geburtshelfer der volkssprachlichen und nationalen Literaturen Europas[36] (so der Blickwinkel eines Karl Langosch). In beiden Fällen beruht die Meistererzählung auf einer Einordnung des Mittellateinischen in einen externen, meta-objektiven literarischen Rahmen. Man findet hier bestätigt, was Uwe Japp grundsätzlich zur Epochenbildung formuliert hat: „Zur Genealogie einer literaturgeschichtlichen Periode gehören also – mindestens – drei Beziehungen: erstens die Beziehung auf eine implizite Poetik, zweitens die Beziehung auf eine oder mehrere vorausgehende Perioden, drittens die Beziehung auf eine folgende Periode."[37]

Gleichsam auf der untersten, der narrativen Mikroebene, ist die Sprachwahl angesiedelt. In der Sprache vermag die Meistererzählung, weil sie vom

---

[31] *Japp*, Beziehungssinn (wie Anm. 5), 18 u. 111, betont zu Recht, daß der „Fortgang der Literatur" oftmals völlig unreflektiert als „Fortschritt" dargestellt wird.
[32] Zu Recht warnt *A. G. Rigg*, A History of Anglo-Latin Literature 1066–1422. Cambridge 1992, 4f., vor der „fallacy of literary progress".
[33] Vgl. hierzu ebd. 3f.
[34] Vgl. z. B. *Langosch*, Mittellatein (wie Anm. 27), 105 (über den anonymen Verfasser der „Gesta Berengarii", eines Epos des 10. Jahrhunderts): „damit stellte er zwar das Ganze unter eine beherrschende Idee, verlieh ihm aber einen unechten Glanz; seine nicht gemeisterte Sprache weist erhebliche Gelehrsamkeit und zu viele antike Reminiszenzen und Versübernahmen auf."
[35] *Max Manitius*, Geschichte der lateinischen Literatur des Mittelalters. 3 Bde. (Handbuch der Altertumswissenschaft, Abt. 9, T. 2.) München 1911–1931 (Ndr. 1959–1965).
[36] Vgl. *Langosch*, Lateinisches Mittelalter (wie Anm. 10), 10: „Mit dieser Sprache [sc. der lateinischen, Th. H.] trachtete das Mittelalter zur Hauptsache danach, eine Literatur hervorzubringen, deren Blick nicht auf die Antike zurückgerichtet war [...]."
[37] *Japp*, Beziehungssinn (wie Anm. 5), 88.

Erzählenden gegenüber dem Leser am wenigsten reflektiert wird, ihre wohl größte Suggestivität zu entfalten. Am bekanntesten sind die schon erwähnten Metaphern[38] und Allegorien, wie etwa das Bild vom Bergsteigen (mit seinem Aufstieg, Abstieg, Wiederaufstieg, Gipfel und Tal), das Bild der Stufen einer literarischen Treppe und die Bewegung vom „Tiefpunkt" zum „Höhepunkt".[39] Ein zweites, ebenfalls bereits angesprochenes Instrument ist das der Personifikation. In der dramatisierenden Syntax der Handbuchsprache avanciert die mittellateinische Literatur zum Subjekt der Sätze, sie handelt aktiv oder wird von einem anonymen, quasi-Hegelschen Weltgeist gelenkt und getrieben. So erscheint sie in den Darstellungen als Erzieherin der Volkssprachen, als beflissene Förderin der Schriftlichkeit sowie als Begründerin und pflichtbewußte Organisatorin europäischer Bildung und Kultur.[40] Wer das Lateinische aus linguistischer Perspektive als „Vatersprache" Europas beschreibt (so wie es viele getan haben)[41], handelt nur konsequent, wenn er mit Hilfe derselben Rollensprache auch das Subjekt Latein als gütigen und helfenden *paterfamilias* im Haus der europäischen Muttersprachen vorstellt. In der Literaturgeschichtsschreibung feiern auch die Biologismen des Wachsens, Blühens und Absterbens ihre schönsten Triumphe.[42] Schließlich sei als weiteres sprachliches Element die Verwendung der perspektivierenden und fortschrittsgläubigen Wörter „noch", „schon", „noch nicht" und „nicht mehr" genannt. In ihrer scheinbaren Harmlosigkeit und Abgegriffen-

---

[38] Zur Wirkung der Metaphern bei der Auswahl und Wertung der textuellen Objekte vgl. *Harms*, Metapherngesteuerte Wertungen (wie Anm. 9), 33.

[39] Vgl. z. B. *Langosch*, Mittellatein (wie Anm. 27), 167: „Die Literatur Europas in der zweiten Hälfte des Mittelalters hebt sich, im groben betrachtet, von der in der ersten Hälfte nicht nur in der Quantität, sondern auch dadurch deutlich ab, daß im Kerngebiet (Frankreich-England, Deutschland) die mittellateinische eine höhere Stufe erklomm, ihre höchste."

[40] Vgl. z. B. ebd. XI: „Die Kräfte des Mittellateins mußten in die gewaltige Aufgabe eingespannt werden, Antike und Christentum mit der heimischen Kulturtradition zu vereinen und aus diesen drei Grundelementen die europäische Literatur zu begründen und zu erbauen." XIII: „Die zweite schwere Hauptaufgabe des Mittellateins bestand darin, die Volkssprachen vom mündlichen Status in den buchliterarischen zu heben." XIV: „Seine Volkssprachen erzog das Mittellatein zur Buchfähigkeit." 1: „In der Geschichte der europäischen Kultur leistete das Mittellatein zwei gewaltige Aufgaben; es baute die Buchliteratur des Mittelalters als dessen erste und hauptsächliche auf und aus, zum andern erzog es die eigentlich nur für den mündlichen Gebrauch geeigneten Muttersprachen zur Buchfähigkeit."

[41] Vgl. *Jan Ziolkowski*, Die mittellateinische Literatur, in: Fritz Graf (Hrsg.), Einleitung in die lateinische Philologie. Stuttgart/Leipzig 1997, 297–322, hier 299; *Langosch*, Mittellatein (wie Anm. 27), 287 („vatersprachliche Werke").

[42] Es ist bezeichnend für die Hartnäckigkeit biologistischer Metaphern, daß selbst *Uhlig*, Literarhistorie (wie Anm. 4), 13, in der kritischen Einleitung zu seiner Analyse der Literarhistorie ganz unreflektiert von einer „Blüteperiode" der historischen Wissenschaften spricht.

heit sind sie die effektivsten Agenten einer nicht offen reflektierten teleologischen Sichtweise.[43]

Diese wenigen Beispiele mögen genügen, um zu zeigen, wie die Meistererzählungen (und mit ihnen auch die dazugehörenden wissenschaftlichen Ideologien) auf allen Ebenen mediolatinistischer Literarhistorie wirksam werden. Ihre Entstehung und Ausrichtung verdanken sie nicht nur dem jeweiligen Zeitgeist, sondern auch dem persönlichen Profil der „erzählenden Meister". In allen wissenschaftlichen Disziplinen besteht eine Relation, genauer gesagt: eine Interdependenz zwischen Subjekt und Objekt: Der Forscher konstituiert seinen Gegenstand, und durch die Betrachtung des Gegenstandes konstituiert er sich auch selbst als Forscher. Da die Mittellateinische Philologie eine noch vergleichsweise junge akademische Disziplin ist (auch dies ein narrativer Biologismus)[44], gehen die ersten Fachvertreter, d. h. die großen Forscher des 19. und frühen 20. Jahrhunderts, aus einer Nachbardisziplin (der Germanistik, Romanistik, Geschichtswissenschaft oder Klassischen Philologie) hervor[45], durch deren jeweilige Meistererzählungen

---

[43] Vgl. z. B. *Langosch*, Mittellatein (wie Anm. 27), 12: „Während Boethius noch ganz in Antike und Römertum verhaftet erscheint und nicht wissen konnte, daß er wertvollstes Geistesgut der Antike dem nächsten Jahrtausend durch eine Sprache verfügbar machte, die zur internationalen Europas wurde, stellte sich Cassiodor schon bewußt auf die neue Zeit ein."

[44] Zu ihrer Geschichte vgl. *Christel Meier*, Königin der Hilfswissenschaften? Reflexionen zu Geschichte, Selbstverständnis und Zukunft der Mittellateinischen Philologie, in: Frühmittelalterliche Studien 35, 2001, 1–21. Zu Geschichte und Profil der Disziplin in Deutschland vgl. *Walter Berschin*, Mittellateinische Philologie in Deutschland im XX. Jahrhundert, I: Das frühe Mittelalter – Probleme der Edition mittellateinischer Texte, in: La Filologia Medievale e Umanistica Greca e Latina nel Secolo XX. Atti del Congresso Internazionale Roma, Consiglio Nazionale delle Ricerche, Università La Sapienza 11–15 dicembre 1989. Vol. 1. (Testi e Studi Bizantino-Neoellenici, Vol. 7.) Rom 1993, 77–88; *Peter Christian Jacobsen*, Mittellateinische Philologie in Deutschland im XX. Jahrhundert, II: Arbeiten zum hohen und späteren Mittelalter, in: ebd. 89–127; vgl. auch *Ziolkowski*, Mittellateinische Literatur (wie Anm. 41).

[45] Vgl. *Paul Gerhard Schmidt*, Die Entdeckung der mittellateinischen Literatur in der Neuzeit, in: Peter Stotz (Hrsg.), Non recedet memoria eius. Beiträge zur Lateinischen Philologie des Mittelalters im Gedenken an Jakob Werner (1861–1944). (Lateinische Sprache und Literatur des Mittelalters, Bd. 28.) Bern/Berlin 1995, 13–24. Aufschlußreich ist etwa das Beispiel Wilhelm Meyers, der seine akademische Karriere als Klassischer Philologe begann und erst allmählich in die Mittellateinische Philologie hineinwuchs; zu ihm vgl. *Fidel Rädle*, Wilhelm Meyer, Professor der Klassischen Philologie 1886–1917, in: Carl Joachim Classen (Hrsg.), Die Klassische Altertumswissenschaft an der Georg-August-Universität Göttingen. Eine Ringvorlesung zu ihrer Geschichte. (Göttinger Universitätsschriften, Rh. A, Bd. 14.) Göttingen 1989, 128–148. Zu den mittellateinischen Interessen des Germanisten Jacob Grimm vgl. *Paul Gerhard Schmidt*, „Nach dem Mönch riechend, aber lesenswerth." Jacob Grimm und das Mittellatein, in: Reiner Hildebrandt/Ulrich Knoop (Hrsg.), Brüder-Grimm-Symposion zur Historischen Wortforschung. Berlin/New York 1986, 139–147; *Fritz Wagner*, Jacob Grimm als Begründer der Mittellateinischen Philologie, in: Ludwig Denecke (Hrsg.), Brüder Grimm Gedenken. Bd. 7. Marburg 1987, 30–62.

sie selbst geprägt sind. Es ist daher nicht überraschend, daß die älteren literaturgeschichtlichen Darstellungen zur mittelalterlichen Latinität Meistererzählungen aufweisen, die eben diesen Nachbarfächern entlehnt sind. Aufgrund ihrer eigenen Provenienz haben gerade die ersten Fachvertreter versucht, die Plotstruktur der mittellateinischen Literatur vollständig mit denen anderer Literaturen oder der Geschichte in Einklang zu bringen[46] – unter Inkaufnahme mancher Ungereimtheit.

Insbesondere die explizit oder implizit vorgenommenen Begründungen der Periodisierung werden weit überwiegend dem Argumentationsgefüge der Nachbarfächer entnommen und mit Hilfe von „Meta-Metaphern" auf die mittelalterliche Latinität übertragen, obwohl sich diese vielfach gegen eine solche „translatio aetatum" sperrt. So kann der „Beginn" mittellateinischer Literatur, im Gegensatz etwa zu dem der „deutschen Literatur des Mittelalters", weder materiell noch linguistisch noch texttypologisch eindeutig definiert werden. Auch die etablierte Verknüpfung der karolingischen Dichtung mit der des hohen und späten Mittelalters zu einem konsistenten Objekt ist aus überlieferungs-, rezeptions- und wirkungsgeschichtlicher Perspektive betrachtet keineswegs zwingend erforderlich.[47] Beispiele für eine „geborgte" mittellateinische Meistererzählung lassen sich gerade in der Binnendifferenzierung des frühen Mittelalters erkennen. Drei „Provenienzen" seien hier genannt:

Die Latinität wird erstens mit gleichzeitigen kirchengeschichtlichen Entwicklungen harmonisiert (so etwa bei Max Manitius).[48] Sie wird zweitens in ihrem Ablauf auf die parallelen volkssprachlichen Literaturen, insbesondere auf die deutsche und die französische, bezogen.[49] Drittens wird sie als Aus-

---

[46] Vgl. *White*, Der historische Text (wie Anm. 8), 146.
[47] Zur Überlieferung vgl. *Herbert Hunger*, Geschichte der Textüberlieferung der antiken und mittelalterlichen Literatur. Bd. 2. Zürich 1964; zur mittellateinischen Literatur hier 9–185 (Karl Langosch); speziell zur karolingischen Dichtung vgl. den wichtigen Überblick bei *Ernst Dümmler*, Die handschriftliche Überlieferung der lateinischen Dichtungen aus der Zeit der Karolinger I-III, in: Neues Archiv der Gesellschaft für ältere deutsche Geschichtskunde 4, 1878, 89–159, 241–322, 513–582; vgl. hier *Dümmler*, 97f.: „Trotz der grossen Fruchtbarkeit der karolingischen Zeit an poetischen Erzeugnissen haben bei der Armut des geistigen Verkehrs im Allgemeinen doch nur wenige dieser Werke eine etwas grössere Verbreitung und Anerkennung erlangt, wie man theils aus ihrer dürftigen Erwähnung bei andern Schriftstellern, theils aus ihrer spärlichen Erhaltung in Handschriften schliessen darf. [...] Aus dem Vorstehenden ergibt sich, daß unsere handschriftliche Ueberlieferung keine sehr reichhaltige für diese Partie sein kann, und es sind in der That viele der wichtigsten Gedichte nur durch eine einzige oft recht fehlerhafte Handschrift der Nachwelt erhalten worden [...]."
[48] Vgl. *Manitius*, Geschichte der lateinischen Literatur (wie Anm. 35), Bd. 2, Inhaltsverzeichnis: „III. Buch: Von der Mitte des 10. Jahrhunderts bis zum Ausbruch des Kampfes zwischen Kirche und Staat"; Bd. 3, Inhaltsverzeichnis: „IV. Buch: Vom Ausbruch des Kirchenstreites bis zum Ende des zwölften Jahrhunderts".
[49] So z. B. die Begründung der Binnenzäsuren bei *Langosch*, Mittellatein (wie Anm. 27), 2–6.

druck und Spiegel des Auf- oder Abstiegs einer politischen Macht (Herrscher, Dynastie, Volk, Nation) interpretiert. So bezeichnet etwa Luigi Alfonsi in seiner Literaturgeschichte die Epoche des sechsten bis achten Jahrhunderts als eine „età della letteratura barbarica" und überträgt damit den vermeintlich barbarischen Charakter des politischen Handelns in der merowingischen Epoche auf die zeitgleich entstehende Latinität – obwohl Dichter wie Venantius Fortunatus wohl kaum als Barbaren zu klassifizieren sind.[50] Auch der Versuch, die lateinische Literatur der Ottonenzeit als spezifisch „ottonisch" zu erweisen, ist nicht unproblematisch.[51] In nahezu allen derartigen Gleichungen bleibt ein unbequemer Rest.

In den meisten einschlägigen Synthesen wird der Versuch unternommen, die „meisterliche" Periodisierung der mittellateinischen Literatur durch einen Hinweis auf Selbstaussagen der zeitgenössischen Dichter zu rationalisieren. Verfolgt man diese Spur, so zeigt sich jedoch, daß etwa die allgemein akzeptierte Zäsur zwischen Spätantike und Frühmittelalter kaum mit dergleichen Testimonien begründet werden kann.[52] Im Bewußtsein der Autoren überwiegt vielmehr die Kontinuität. Auch die hoch- und spätmittelalterlichen Literaturgeschichten und Schriftstellerkataloge kennen selbstverständlich keine Distanzierung von der christlichen Dichtung der Spätantike.[53] Zahlreich und allgemein bekannt sind hingegen die literarischen Aussagen insbesonde-

---

[50] Vgl. *Luigi Alfonsi*, La letteratura latina medievale. Mailand 1972, 10: „I – età della letteratura barbarica (sec. V/VI-VIII); II – età carolina (sec. X [offenbar ein Druckfehler; es muß heißen: IX – Th. H.]); III – letteratura ottoniana (sec. X-XI)."
[51] Zum Profil der Literatur dieser Zeit vgl. die ausgezeichneten Analysen von *Peter Christian Jacobsen*, Formen und Strukturen der lateinischen Literatur der ottonischen Zeit, in: Il secolo di ferro: mito e realtà del secolo X. (Settimane di studio del Centro italiano di studi sull'alto medioevo, Vol. 38.) Spoleto 1991, 917-949; ders., Die lateinische Literatur der ottonischen und frühsalischen Zeit, in: Klaus von See (Hrsg.), Neues Handbuch der Literaturwissenschaft. Bd. 6: Europäisches Frühmittelalter. Wiesbaden 1985, 437-478.
[52] Anders *Brunhölzl*, Geschichte der lateinischen Literatur (wie Anm. 29), Bd. 1, 3: „Was die genauere Bestimmung der Zeit angeht, so wird man, unbeschadet anderer Möglichkeiten, das Mittelalter abzugrenzen, unbeschadet auch mancher schwer zu bestimmender Zuweisung im einzelnen Falle, den Beginn unserer Epoche mit einiger Berechtigung dort ansetzen dürfen, wo für ihre Zeit repräsentative oder charakteristische Autoren auf irgendeine Weise zu erkennen geben, daß sie die Antike und die patristische Zeit als eine vergangene Epoche ansehen und sich selbst als einer neuen Zeit zugehörig betrachten. Dies kann etwa um die Mitte des sechsten Jahrhunderts beobachtet werden." Vgl. jedoch *Walther Bulst*, Über die mittlere Latinität des Abendlandes. Heidelberg 1946, 10: „Womit also eine Darstellung der Geschichte der lateinischen Literatur des Mittelalters anzufangen habe, ist nicht schon präjudiziert. Es wird sich ergeben, daß vielmehr überhaupt keine allgemeine, für die gesamte Literatur giltige Antwort möglich ist."
[53] Zum Genre der Literaturgeschichte vgl. *Rudolf Blum*, Die Literaturverzeichnung im Altertum und Mittelalter, in: Archiv für Geschichte des Buchwesens 24/1, 1983, 2-256; *Paul Lehmann*, Literaturgeschichte im Mittelalter, in: ders., Erforschung des Mittelalters. Bd. 1. 2. Aufl. Stuttgart 1959, 82-113.

re italienischer Autoren des 14. und 15. Jahrhunderts, welche eine scharfe Abgrenzung zwischen „gotischer" Latinität und antikisierender „Renaissance" propagieren.[54] Doch gilt es zu bedenken, daß viele dieser Autoren die ersten Meister der mediävistischen Meistererzählung sind und ihre narrativen Suggestionen keinesfalls unreflektiert von der Philologie des 21. Jahrhunderts übernommen werden dürfen, zumal die jüngere latinistische Forschung herausgearbeitet hat, daß die literarische Produktion dieser Zeit – der laut proklamierten Distanzierung vom sogenannten Mittelalter zum Trotz – in vielen Gattungen stärker durch Kontinuität denn durch Diskontinuität geprägt ist.[55] Es gilt außerdem zu bedenken, daß schon die deutschen Protestanten des 16. Jahrhunderts eine alternative, dem italienischen Renaissance-Konzept widersprechende Meistererzählung präsentieren, indem sie die mittellateinische Literatur als antipapistische „Zeugnisse der Wahrheit" auswerten und eine reformatorische Kontinuitätslinie von der Patristik bis auf Luther zu konstruieren suchen.[56]

Fazit: Mit den literarhistorischen Meistererzählungen, derer sich das späte 19. und das 20. Jahrhundert bedient haben, sind unterschiedliche kulturgeschichtliche Deutungen und Funktionszuweisungen verknüpft: Die lateinische Literatur des Mittelalters wurde präsentiert als Basis einer neuen Epoche, als Ideengeber und Steigbügelhalter der volkssprachlichen Literaturen, als Summe von Monumenten nationaler Dichtung, als Basis europäischer Einheit oder als unliebsamer Bremsklotz auf dem Weg in eine aufgeklärte Moderne. Vor diesem Hintergrund teils gleichzeitig, teils nacheinander beachteter Paradigmen zeichnet sich ab, daß die stärker zur Selbstreflexion neigende gegenwärtige Forschergeneration vor dramatischen Personifizierungen, vor einer blumenreichen und metapherngesättigten Sprache, vor ge-

---

[54] Zu Recht notiert *Brunhölzl*, Geschichte der lateinischen Literatur (wie Anm. 29), Bd. 1, 3: „Das Ende der Epoche wird durch den Übergang der mittelalterlichen zur neulateinischen (zunächst der humanistischen) bezeichnet; es wird analog zur oberen Zeitgrenze dort zu sehen sein, wo die Schriftsteller sich von der mittelalterlichen Bildungswelt, in der sie selbst noch herangewachsen sind, bewußt distanzieren und sich als Träger einer neuen Geisteshaltung fühlen."
[55] Vgl. *Schmidt*, Entdeckung (wie Anm. 45), 16–18. Schon *Curtius*, Europäische Literatur (wie Anm. 3), 34, wendet sich gegen solche (die Kontinuitätslinien durchschneidenden) Epochenbegriffe: „Sollte sich die Menschheitsgeschichte noch einige Jahrtausende oder Jahrzehntausende fortsetzen, so wird die Historie genötigt sein, ihre Epochen zu numerieren, wie die Archäologen das für Altkreta tun: Minoisch I, II, III, mit je drei Unterabteilungen."
[56] Vgl. hierzu *Thomas Haye*, Der „Catalogus testium veritatis" des Matthias Flacius Illyricus – eine Einführung in die Literatur des Mittelalters?, in: Archiv für Reformationsgeschichte 83, 1992, 31–47; *Paul Gerhard Schmidt*, Zur Geschichte der mittellateinischen Philologie, in: Renée I. A. Nip a. o. (Eds.), Media Latinitas. A Collection of Essays to Mark the Occasion of the Retirement of L. J. Engels. (Instrumenta Patristica, Vol. 28.) Turnhout 1996, 147–157, hier 153f.

wagten Parallelisierungen und idealisierenden kulturhistorischen Konstruktionen eher zurückschreckt[57] – eine um political correctness bemühte Zeit vermeidet es zudem tunlichst, von „barbarischer" Literatur oder Ähnlichem zu sprechen. Dennoch haben die nicht verbalisierten, nicht durch rhetorische und stilistische Textanalyse faßbaren, in der Objektkonstitution und Periodisierung verankerten Meistererzählungen des 19. Jahrhunderts ihre Wirkung behalten.

Die Bedeutung dieses Faktums erschließt sich bereits aus dem Umstand, daß die primären texttypologischen Spielwiesen der Meistererzählung, d. h. die Einführungen, Literaturgeschichten und Handbücher einer Philologie, vorzugsweise an ein jüngeres, studentisches Publikum gerichtet sind, das mental am wenigsten gegen ihre schneisenschlagende, bahnbrechende und zäsurenbildende Macht gewappnet ist und sich ihrer suggestiven Kraft daher nur schwer entziehen kann. Gerade das zuerst Gelesene wird schnell zur Selbstverständlichkeit und erschwert den späteren Versuch, das Alte neu zu denken, das Bekannte neu zu strukturieren. Es ist daher zu wünschen, daß die zukünftigen Generationen der Literaturgeschichten in ihren jeweiligen Einleitungen erstens noch stärker als bisher Rechenschaft ablegen über die unausgesprochenen Annahmen, auf denen die Konstituierung, Ordnung und Darstellung des Objektes beruht, und daß sie zweitens ihren Lesern noch deutlicher vor Augen führen, welche alternativen übergeordneten Deutungsmuster und Organisationsprinzipien zur Verfügung gestanden hätten (der narrative Pluralismus kann innerhalb eines einzelnen Handbuches selbstverständlich nur angesprochen, nicht realisiert werden). Damit wäre die Macht der Meistererzählungen zwar nicht gebrochen, jedoch durch die Situation der potentiellen Konkurrenz zumindest erheblich relativiert.

---

[57] Vgl. etwa *Claudio Leonardi* (Ed.), Letteratura latina medievale (secoli VI-XV). Un manuale. (Millennio Medievale, Vol. 31; Strumenti, Vol. 2.) Florenz 2002. In diesem neuen Handbuch werden die gängigen Metaphern und deutenden Entwicklungslinien weitgehend vermieden. Statt einer literaturwissenschaftlich begründeten Binnendifferenzierung in Früh-, Hoch- und Spätmittelalter wählt der Herausgeber einen rein pragmatischen und ahistorischen Ansatz, indem er das mittelalterliche Jahrtausend in zehn Jahrhunderte zerschneidet und ihnen die in ihrem jeweiligen Zeitraum entstandene Literatur zuordnet.

Jahreszeiten, Blütezeiten

Meistererzählungen für die Literaturgeschichte?

Von

Klaus Grubmüller

‚Meistererzählungen' sind in der Literaturgeschichte nicht anders zu bestimmen als in der Historiographie: Es sind die dominanten Vorstellungen, an denen entlang die ungeordnete Menge überlieferter literarischer Werke in eine historische Abfolge gebracht wird. Der kritische Gehalt des Begriffes schließt den Hinweis auf eine ideologische Komponente ein: Geschichtsdarstellungen werden zu ‚Meistererzählungen' aufgrund einer besonderen, zumeist nicht durchschauten Suggestivität ihrer konstruktiven Leitlinie. Sie zu erkennen heißt gleichzeitig, sich ihrer Verführung zu entziehen, das heißt die Suggestion aufzuheben.

Literaturhistoriker unserer Tage werden vermutlich, soweit sie sich überhaupt für die Literaturgeschichte als Darstellungsform interessieren, das Risiko solcher Verführung weit von sich weisen. Literaturgeschichten sind methodisch nicht leicht zu begründen[1], praktisch sind sie vor allem für die früheren Jahrhunderte mit vielen heuristischen Problemen belastet. Literaturgeschichten werden vielfach als notwendige Übel gesehen, Lernmittel für Studierende, die – gelegentlich unter Berufung auf besondere methodische Strenge – eher als positivistische Nachschlagewerke angelegt sind denn als ‚Geschichten'.[2]

Die Reflexion auf ordnende Prinzipien und auf Geschichtsvorstellungen, die in Literaturgeschichte wirksam werden könnten, ist kaum über die kluge, aber nun schon ein gutes halbes Jahrhundert alte Dissertation von Teesing[3] hinausgekommen, die in einer einläßlichen Diskussion und einer maßvollen Favorisierung des zu Beginn des 20. Jahrhunderts prominenten Generationenmodells[4]

---

[1] Stellvertretend dazu z.B. *Uwe Japp*, Beziehungssinn. Ein Konzept für Literaturgeschichte. Frankfurt am Main 1980; *David Perkins*, Is Literary History Possible? Baltimore/London 1992.
[2] Musterbeispiel für diese Tendenz: *Joachim Bumke*, Geschichte der deutschen Literatur im hohen Mittelalter. München 1990.
[3] *Hubert Paul Hans Teesing*, Das Problem der Perioden in der Literaturgeschichte. Groningen/Batavia 1948.
[4] Vgl. die knappe Zusammenfassung von *Hans Ulrich Gumbrecht*, Art. „Generation", in: Reallexikon der deutschen Literaturwissenschaft. Bd. 1. 3. Aufl. Berlin/New York 1997, 697–699.

mündet. Dann wurde die Reflexion ersetzt durch einen puristischen Skeptizismus, der die Bilder scheut.[5]

In der Germanistik sind die Mediävisten dabei noch wagemutiger als ihre neugermanistischen Kollegen. Doch bei ihnen beschränken sich die methodischen Überlegungen zumeist auf die Rechtfertigung der Zeitgrenzen. Die organisierenden Prinzipien werden kaum zur Debatte gestellt. Konstruktive Energie wird nur in einigen nicht mehr ganz jungen Ausnahmefällen sichtbar: in Karl Bertaus zivilisationsgeschichtlich und erkenntniskritisch grundierter ‚Europäisierung' der deutschen Literatur im Mittelalter[6] und in Wolfgang Haubrichs entschlossener Kontextualisierung der althochdeutschen Literatur[7], zuletzt auch noch in Johannes Janotas Darstellung des 14. Jahrhunderts am Leitfaden der Orientierungssuche[8]. Auch sie scheuen sich aber davor, die Entwicklungslinien zu sehr in den Vordergrund zu rücken; diese dienen ihnen eher als Gliederungsmarken, als daß sie suggestive Geschichtsbilder entstehen ließen. Eine selbstkritische und argumentativ gestützte Wissenschaft wird das so halten müssen.

‚Meistererzählungen' und ihre Verführungen gibt es in den Literaturwissenschaften derzeit deshalb nicht, weil keine literaturhistorischen Erzählungen, also keine mit suggestivem Deutungsanspruch auftretenden Literaturgeschichten geschrieben werden. Die Frage ist allerdings, ob sich die Literaturwissenschaften diese redliche Zurückhaltung leisten können. Ihrer öffentlichen Wirkung kommt sie nicht zugute. Der deutschen Literaturgeschichte jedenfalls würde eine ‚Meistererzählung' nichts schaden – aber nur dann, wenn ihre Wirkungsweisen und Implikationen durchschaut sind. Deshalb empfiehlt es sich, gewissermaßen prophylaktisch, Mechanismen aufzuspüren, die beim Schreiben von Literaturgeschichte am Werke (gewesen) sind. In dieser Absicht verfolge ich hier die Wirksamkeit des – prinzipiell selbstverständlich längst verabschiedeten – Jahreszeitenmodells.

---

[5] Ein frühes Beispiel sind die – nach Zehnjahresschritten geordneten – Annalen der deutschen Literatur. Hrsg. v. *Heinz Otto Burger*. Stuttgart 1962, die nach ihrem Untertitel doch auch „Eine Geschichte der deutschen Literatur von den Anfängen bis zur Gegenwart" sein wollen.
[6] *Karl Bertau*, Deutsche Literatur im europäischen Mittelalter. 2 Bde. München 1972/73.
[7] *Joachim Heinzle* (Hrsg.), Geschichte der deutschen Literatur von den Anfängen bis zum Beginn der Neuzeit. Bd. 1: Von den Anfängen zum hohen Mittelalter. T. 1: *Wolfgang Haubrichs*, Die Anfänge: Versuche volkssprachiger Schriftlichkeit im frühen Mittelalter (ca. 700–1050/60). Tübingen 1988.
[8] *Heinzle* (Hrsg.), Geschichte (wie Anm. 7), Bd. 3: Vom späten Mittelalter zum Beginn der Neuzeit. T. 1: *Johannes Janota*, Orientierung durch volkssprachliche Schriftlichkeit (1280/90–1380/90). Tübingen 2004.

I.

Helmut de Boor hat den von ihm verfaßten Teil des 3. Bandes seiner wenig geliebten, aber als synthetische Leistung bis heute nicht oft übertroffenen Geschichte der deutschen Literatur im Mittelalter im Jahre 1962 unter die Stichworte gestellt: ‚Zerfall und Neubeginn'.[9] „Dem Zerfall der Ordnungen" entspreche einerseits „eine unruhige Vielheit der dichterischen Erscheinungen und Ausdrucksformen, die auch dem bedeutenden Dichter die Geschlossenheit der klassischen Leistung versagt"[10], andererseits ein neuer „Drang, die Welt in ihrer Vielgestaltigkeit und Fragwürdigkeit zu erfassen, sie dichterisch zu gestalten und zu bewältigen"[11].

Joachim Heinzle modifiziert (1984, zuletzt 1994) den Untertitel in dem entsprechenden Teilband der von ihm herausgegebenen Literaturgeschichte[12] für den gleichen Zeitabschnitt ein wenig („Wandlungen und Neuansätze im 13. Jahrhundert") und fügt den Begründungen eigentlich nur das „schlechte[...] Gewissen" hinzu: die Vorstellung, das Spätmittelalter sei durch den Zerfall der Ordnungen bestimmt, sei „zumindest einseitig", und dem „Verfall jener Mächte und der an sie geknüpften Lebens- und Wertordnungen" stehe „die Entwicklung neuer, zukunftsträchtiger Institutionen und Ideen gegenüber", die mit „einem neuen Aufbruch auch der volkssprachigen Literatur verbunden" seien.[13] Das ‚schlechte Gewissen' begleitet auch den von L. Peter Johnson geschriebenen Band über den vorausgehenden Zeitabschnitt[14], der 1999 erschienen und damit fast die jüngste literarhistorische Darstellung zur deutschen Literatur des Mittelalters[15] ist. Er trägt, obwohl ja durchaus andere Bezeichnungen zur Verfügung stünden (‚Hohes Mittelalter' wie bei Heinzles eigenem[16]) oder neutrale Daten (wie bei Janotas Band[17]),

---

[9] *Helmut de Boor/Richard Newald* (Hrsg.), Geschichte der deutschen Literatur von den Anfängen bis zur Gegenwart. Bd. 3: *Helmut de Boor*, Die deutsche Literatur im späten Mittelalter. Zerfall und Neubeginn. T. 1: 1250–1350. München 1962.
[10] Ebd. 1.
[11] Ebd. 24.
[12] *Heinzle* (Hrsg.), Geschichte (wie Anm. 7), Bd. 2: Vom hohen zum späten Mittelalter. T. 2: *Joachim Heinzle*, Wandlungen und Neuansätze im 13. Jahrhundert (1220/30–1280/90). Königstein im Taunus 1984.
[13] Die Zitate ebd. 14f. Weiter ausgeführt sind die Begründungen für den Epochenzusammenhang 1220/30–1280/90 in dem vorbereitenden Aufsatz von *Joachim Heinzle*, Wann beginnt das Spätmittelalter?, in: Zeitschrift für deutsches Altertum und deutsche Literatur 112, 1983, 207–223.
[14] *Heinzle* (Hrsg.), Geschichte (wie Anm. 7), Bd. 2, T. 1: *Leslie Peter Johnson*, Die höfische Literatur der Blütezeit (1160/70–1220/30). Tübingen 1999.
[15] Zuletzt erschienen ist der von Johannes Janota herausgegebene Band 3/1 der gleichen Literaturgeschichte (wie Anm. 8). Von Überlegungen zur Abgrenzung kann Janota sich durch Heinzles Aufsatz (wie Anm. 13) entlastet fühlen.
[16] *Heinzle* (Hrsg.), Geschichte (wie Anm. 7).
[17] *Janota*, Orientierung (wie Anm. 8).

schon seit Heinzles Gesamtplan von 1984 den Titel: ‚Die höfische Literatur der Blütezeit'. Die Reflexionen, mit denen Peter Johnson, durchaus zögernd, die Titelwahl begleitet[18], sind entschuldigend darauf gerichtet, daß damit andere Perioden und Strömungen abgewertet würden und andererseits vielleicht der Aspekt der ‚Erntezeit' passender sein könnte. Die Herausgeber der ihm gewidmeten Festschrift gehen dieser Erwägung kurz nach, wählen dann aber auch für diese den Titel ‚Blütezeit'.[19]

Woher rührt das schlechte Gewissen, woher das Zögern? Die gleichgerichteten Überlegungen zum Begriff des ‚Spätmittelalters' in Heinzles Aufsatz[20] – und natürlich die Begründungen – zeigen, daß es nicht etwa die merkwürdig metaphorische Begriffsbildung ist, die Anstoß erregt, sondern überhaupt die begriffliche Etikettierung einer historischen Epoche, weil so niemals die Vielgestaltigkeit eines Zeitabschnittes der Geschichte erfaßt werden könne. Das aber ist ein Grundproblem allen, nicht nur des historischen Erkennens: es muß zusammenfassen, Dominanten setzen, Charakteristisches und weniger Charakteristisches unterscheiden. So gesehen ist die ‚Blütezeit' tatsächlich nicht anstößiger als z. B. ihr Konkurrenzbegriff, das ‚Hochmittelalter'. Beide beruhen auf Wertungen, vernachlässigen das Negative, setzen andere Epochen zugunsten dieser einen herab. Was aber hat die ‚Blütezeit' dann anderem voraus, was macht sie bei allen offensichtlichen Bedenken – trotz ihrer biedermeierlichen ‚Blumigkeit', ihrer erkennbaren Unsachlichkeit – erträglich, ja sogar offensichtlich attraktiv?

Vermutlich ist es gerade diese ‚Unsachlichkeit'. Als Metapher entzieht sich die ‚Blütezeit' der argumentativen Begründung; sie öffnet Vorstellungsräume, suggeriert Freude und Glück, fügt der Erkenntnisleistung (die sie wie jede Metapher enthält) emotionale Qualitäten hinzu. Wie alle Metaphern, gerade auch die in den Wissenschaften, erleichtert sie das Verstehen scheinbar über – allerdings notwendig ungenaue – Analogien und überschreitet das Verstehen durch die Konditionierung von Einstellungen. Das ist so notwendig wie gefährlich. Metaphern müssen unter Kontrolle bleiben.

II.

‚Blütezeiten' stehen nicht für sich, sie sind Teil eines Modells, das sich – gerade so wie ‚Zerfall und Neubeginn' – an kosmischen Abläufen orientiert: an der Abfolge der Jahreszeiten. Es könnte eine erste, etwas platte Antwort

---

[18] *Johnson*, Höfische Literatur (wie Anm. 14), 3–5.
[19] *Mark Chinca/Joachim Heinzle/Christopher Young* (Hrsg.), Blütezeit. Festschrift für Leslie Peter Johnson zum 70. Geburtstag. Tübingen 2000.
[20] *Heinzle*, Wann beginnt das Spätmittelalter? (wie Anm. 13). Im Titel seines Bandes ist der Begriff vermieden; im Gesamtplan der Literaturgeschichte ist er durch das weniger stark terminologisch fixierende ‚späte Mittelalter' ersetzt.

sein, die Orientierung am Jahreszeitenmodell als eine – sicherlich unbewußte – Flucht des von der Fülle der Erscheinungen verunsicherten deutenden Subjekts ins scheinbar Objektive, das hieße hier: ins Naturgegebene zu sehen.

„Auch Literaturgeschichte ist ein deutendes Genus", schreibt Karl Bertau, „und es ist in ihr, wie bei jeder Interpretation, das deutende Subjekt gefordert. [...] die Geltung der Deutung ist beschränkt durch die historische Beschränktheit des deutenden Subjekts. Jeder Urteilende aber sträubt sich dagegen, sich als in seinem Urteil beschränkt ansehen und darstellen zu müssen."[21] Vorgegebene Muster schaffen übersubjektive Verallgemeinerungsmöglichkeiten, also die Möglichkeit (oder die Illusion), die subjektive Beschränkung zu überwinden; vor allem bewirken das solche Muster, die, wie die Naturerfahrung, die menschliche Wahrnehmung ohne Zweifel grundlegend und allgemein prägen. Die Suggestivität des Jahreszeitenmodells liegt auf einer ersten, psychologisch erst noch gründlich auszuarbeitenden Ebene in seiner erfahrungsgesättigten Generalität.

In Bereichen, in denen alle Wahrnehmungs- und Ordnungsversuche auf ästhetischen Urteilen aufbauen, sind solche Stützen im anthropologisch Generellen noch notwendiger als anderswo; vielleicht liegt darin der Grund dafür, daß – neben der Historiographie[22] – gerade die Kunst- und Literaturwissenschaften besonders reich sind an solchen Analogiegerüsten. „Auch der Mensch ist ein Naturwesen. Sollte, was für den Menschen zutrifft, nicht auch für seine Werke, für Staaten, Künste und Kulturen gelten? Die Folge einer solchen Annahme ist, daß die organischen Geschichtsmetaphern zuweilen mit hochgegriffenem Verbindlichkeitsanspruch auftreten."[23] Sie wollen nicht nur veranschaulichen, sondern erklären, indem sie kulturelle Erscheinungen natürlichen (das soll gleichzeitig heißen: naturgesetzlichen) Abläufen zuordnen. Die Geschichtsphilosophie des 19. und des frühen 20. Jahrhunderts hat das auch immer wieder propagiert. Jacob Burckhardt sieht in der Kultur wie in Staat und Religion ein „Werden, Blühen, d. h. völliges Sichverwirklichen, Vergehen und Weiterleben in der allgemeinen Tradition [...]. Dieß Wachsen und Vergehen folgt höhern, unergründlichen Lebensgesetzen."[24] Für Oswald Spengler ist „die Idee des Lebens [...] überall von verwandter innerer Form: Zeugung, Geburt, Wachsen, Welken, Vergehen, identisch vom kleinsten Infusor bis zur gewaltigsten Kultur."[25] Der Interpret der Geschichte, der seine

---

[21] *Karl Bertau*, Über Literaturgeschichte. Höfische Epik um 1200. München 1983, 11.
[22] Vgl. das reichhaltige Material bei *Alexander Demandt*, Metaphern für Geschichte. Sprachbilder und Gleichnisse im historisch-politischen Denken. München 1978, bes. Abschnitt II: Organische Metaphern (17–123) und Abschnitt III: Jahres- und Tageszeiten-Metaphern (124–165).
[23] Ebd. 114.
[24] *Jacob Burckhardt*, Über das Studium der Geschichte. Hrsg. v. Peter Ganz. München 1982, 276.
[25] Von *Demandt*, Metaphern (wie Anm. 22), 59 zitiert aus *Oswald Spengler*, Die Flamme, in: Der Aquädukt 1963, 127–147, hier 127.

Gegenstände so in den Weltlauf eingebettet sieht, wird auf diese Weise vom Risiko (scheinbar) beliebiger hermeneutischer Deutungen entlastet.

In der deutschen Literatur greifen schon die ersten Versuche zu literaturgeschichtlicher Überschau im frühen 13. Jahrhundert zu Naturanalogien: Gotfrid von Straßburg und Rudolf von Ems zeichnen in den Literaturexkursen ihrer Epen („Tristan", „Alexander") die kurze Geschichte der literarischen Anfänge in deutscher Sprache in Bildern der sich entfaltenden Natur, vom ersten Pfropfreis bis zu dem sich verästelnden Baum:

> er inpfete daz erste rîs
> in tiutischer zungen.
> dâ von sît este entsprungen,
> von den die bluomen kâmen,
> dâ si die spaehe ûz nâmen
> der meisterlîchen künde.[26]

Später sind es – im deutschen Bereich – vor allem Winckelmann, Herder und Goethe, die im Rahmen organologischer Begründungen zum Wesen der Kunst auch die biologistischen Verlaufsschemata auf Kunst- und Kulturgeschichte übertragen. Goethe stellt – nach der Analyse von Horst Oppel[27] – schon in der ‚Farbenlehre' heraus, daß „Kulturen in ihrer Gesamtheit als bewundernswert aufgestiegene und dann unwiederbringlich welkende Blüten zu werten" seien. Kunst und Kultur sind ihm „ein Lebendiges [...], das einen unmerklichen Ursprung, ein langsames Wachstum, einen glänzenden Augenblick seiner Vollendung, eine stufenfällige Abnahme [...] notwendig darstellen muß".[28] Das Welken der Pflanze gibt seiner Vorstellung das gedankliche Gerüst und die geradezu ‚naturgesetzliche' Rechtfertigung dafür, daß das Vollkommene, weil es nicht mehr überbietbar ist, *notwendig* wieder zurückfallen muß: „[...] und was nicht vorwärts gehen kann, schreitet zurück".[29]

Goethe war auch in seinem organologischen Konzept der Kultur- und Kunstgeschichte[30] ungemein einflußreich, am einflußreichsten wohl über

---

[26] Gotfrid von Straßburg, ‚Tristan', v. 4738–4743, zu Heinrich von Veldeke. „Er pfropfte das erste Reis / in deutscher Sprache. / Hier sprossen seither die Äste / mit jenen Blumen, / von denen sie die Kunst / der vollendeten Dichtung nahmen." Übersetzung von Rüdiger Krohn in: *Gottfried von Straßburg*, Tristan. Mittelhochdeutsch/Neuhochdeutsch. Bd. 1. Stuttgart 1980, 291.
[27] *Horst Oppel*, Morphologische Literaturwissenschaft. Goethes Ansicht und Methode. Mainz 1947, 102.
[28] *Johann Wolfgang Goethe*, Winckelmann und sein Jahrhundert, in: ders., Gedenkausgabe der Werke, Briefe und Gespräche. Hrsg. v. Ernst Beutler. Bd. 13: Schriften zur Kunst. Zürich 1954, 407–450, hier 430.
[29] Ebd. 431.
[30] Dazu im Zusammenhang ausführlich *Wolfgang Pfaffenberger*, Blütezeiten und nationale Literaturgeschichtsschreibung. Eine wissenschaftsgeschichtliche Betrachtung. Frankfurt am Main 1981, passim.

August Wilhelm Schlegels Berliner Vorlesungen von 1801/02.[31] Schlegel postuliert eine „Naturgeschichte der Kunst"[32], die „den so und nicht anders möglichen Ursprung der Kunst, die ersten Fortschritte in ihren Beziehungen zur menschlichen Anlage wie den Zeitverhältnissen, ihr Aufsteigen zur Höhe wie ihren zwingenden Niedergang" darzustellen habe.[33] Notwendig sei dies alles, weil die „Erscheinungen im Gebiete der Kunst" zwar „subjektiv [...] zufällig", aber im Sinne der vorausgesetzten naturgesetzlichen Abläufe „objektiv [...] nothwendig" seien, so wie „der tragische Styl des Aeschylus [...] bestimmt auf den des Sophokles [hinweist], als das, was die in ihm noch zurückbleibenden Disharmonien lösen soll".[34] Dies ist eine Vorstellung von dialektischer Entwicklung, die sich im übrigen – ohne daß man sich des über Hegel vermittelten Zusammenhanges bewußt wäre – gleichfalls immer noch einer gewissen Wertschätzung erfreut, und zwar in den durchaus noch wirksamen Evolutionsmodellen des Prager Strukturalismus[35].

III.

Das Jahreszeitenmodell ist – unter anderen möglichen – ein besonderes Modell: nicht nur wegen seiner kosmischen Geltung und seiner regelmäßigen, vorhersagbaren Abläufe. Es hat gegenüber anderen auch die besondere Eigenschaft, sich stets erneut zu wiederholen. Es ist, anders als etwa Heilungs- oder Erziehungsmodelle[36], anders als die von Naturanalogien keineswegs freie marxistische Sozialutopie[37], anders auch als scheinbar naturgesetzliche ‚Aufstieg- und Niedergang-Konstrukte' wie das gerade wieder aktuell vermarktete von Gibbon zum Römischen Reich, und erst recht anders als die

---

[31] Für die allgemeine Kulturgeschichte nimmt eine ähnlich herausgehobene Position Wilhelm von Humboldts Aufsatz „Über die Aufgabe des Geschichtschreibers" (1821) ein. Vgl. dort etwa: „Die Idee kann sich nur einer geistig individuellen Kraft anvertrauen, aber daß der Keim, welchen sie in dieselbe legt, sich auf seine Weise entwickelt, daß diese Weise dieselbe bleibt, wo er in andere Individuen übergeht, daß die aus ihm aufsprießende Pflanze durch sich selbst ihre Blüthe und ihre Reife erlangt, und nachher welkt und verschwindet, wie immer die Umstände und Individuen sich gestalten mögen, dies zeigt, daß es die selbständige Natur der Idee ist, welche diesen Lauf in der Idee vollendet." *Wilhelm von Humboldt*, Werke. Hrsg. v. Andreas Flitner u. Klaus Giel. Bd. 1: Schriften zur Anthropologie und Geschichte. 3. Aufl. Darmstadt 1980, 602.
[32] *August Wilhelm Schlegel*, Vorlesungen über Ästhetik I (1798–1803). Hrsg. v. Ernst Behler. Paderborn u. a. 1989, 391.
[33] *Pfaffenberger*, Blütezeiten (wie Anm. 30), 69.
[34] *Schlegel*, Vorlesungen über Ästhetik I (wie Anm. 32), 192.
[35] Vgl. fürs erste *Hans Günther*, Art. „Evolution", in: Reallexikon (wie Anm. 4), Bd. 1, 530f.
[36] Vgl. dazu *Demandt*, Metaphern (wie Anm. 22), 25–27 u. 63–72.
[37] *Demandt*, Metaphern (wie Anm. 22), 87, verweist z. B. auf die Rede von den „Naturgesetzen der kapitalistischen Produktion" im Vorwort zum ‚Kapital'.

auf Entelechien gegründeten wie die antike Weltreich-Lehre oder die christliche Heilsgeschichte, ein zyklisches Modell. Jene sind auf einen Endpunkt ausgerichtet, in dem die Geschichte stillsteht oder allenfalls ereignislos zerrinnt. Dieses bereitet im Stillstand des Winters stets neues Leben vor.

In diesem Punkte trifft es sich mit dem Darstellungsschema nach Lebensaltern, das, wiederum nach den bekannten antiken Mustern (Hesiod, Polybios, Lucrez)[38], in der deutschen Geschichtsphilosophie mit Herder, in der Literaturgeschichtsschreibung bei Gervinus bedeutsam wird.[39] Auch dort entsteht *nach* dem Tode neues Leben, aber doch nicht eigentlich *aus* dem Tod: die Entwicklung ist nicht auf das eine absterbende Element bezogen, sondern auf die Gesamtheit aller, und sie manifestiert sich ohne festes Zeitgerüst, beliebig gegeneinander versetzt. In der klaren zeitlichen Ordnung und der Zwangsläufigkeit des Geschehens für alle Elemente des ‚Systems' (wenn man das so sagen darf), ist das Jahreszeitenmodell auch der Lebensalter-Analogie überlegen. Darüber hinaus ist es inhaltlich gefüllt: die Qualität der Fortsetzung ist bei den Lebensaltern nicht bestimmt; es ist nur gewiß, daß es weitergeht. Die Jahreszeiten hingegen verheißen immer einen neuen Frühling, eine Zeit des verheißungsvollen Aufbruchs mit der Sicherheit der Erfüllung in Sommer und Herbst.

Der naive, aber vielleicht gerade deshalb unbegriffen um so größere Reiz solcher scheinbarer Vorhersagbarkeit zeigt sich nicht nur in den neuen Blütezeit-Hoffnungen, die um die Mitte des 19. Jahrhunderts vorgetragen werden (Gottschall, Vilmar, Prutz)[40], sie hinterläßt ihre unscheinbaren Spuren auch in den literaturgeschichtlichen Argumentationsmustern unserer Tage. Die Literatur des Spätmittelalters und auch der zugeordnete Epochenbegriff werden ja – um nur noch einmal diese beiden Beispiele anzuführen, sowohl bei de Boor wie bei Heinzle – nicht etwa durch die Zurückweisung der Verfallsdiagnose gerettet, sondern durch die gleichzeitige Anbahnung des Neuen, unausgesprochen eben: die Verheißung einer neuen Blüte.

Das Blütezeitmodell ist mit dem Jahreszeitenmodell nicht identisch. Es wertet zwischen den Jahreszeiten. Die Blütezeit ist dabei zweifellos als der Höhepunkt des Jahres gedacht, und alle immer wieder beigezogenen Vergleiche und Analogien machen deutlich, daß dafür der Frühling vorgesehen ist.

„Der Spätzeit fehlt das Erregende der Neuentdeckung. Die Dichtung der Stauferzeit ist Erlebnisdichtung, nicht des Einzelnen aber einer Generation. Alles war zu leisten, um für ein neues Lebensgefühl die Stoffe und Formen zu finden, die es ausdrückten. Es quillt von Leben, und die schöne Form bändigt es in *zuht* und *mâze*; das Leben wie die Dichtung suchen ihren Stil."[41]

---

[38] Vgl. *Demandt*, Metaphern (wie Anm. 22), 36–45.
[39] Dazu *Pfaffenberger*, Blütezeiten (wie Anm. 30), 223–238.
[40] Ebd. 210f., 231–234.
[41] *de Boor*, Die deutsche Literatur im späten Mittelalter (wie Anm. 9), 22.

Diese Wertung ist nicht selbstverständlich.[42] Daß der Frühling der Höhepunkt des Jahres sei, wertet die Verheißung der Blüte höher als die Erfüllung in der Frucht, die Dynamik des Aufbruchs höher als den Glanz der Vollendung.[43]

Daß dies keineswegs in der Konsequenz der Orientierung an Naturabläufen liegt, mag ein kurzer Seitenblick auf eine Nachbarform des Jahreszeitenmodells zeigen: das Schema der Lebensalter, das ja nur den Ablauf des Jahres auf den des menschlichen Lebens überträgt und eine ganz vergleichbare Suggestivität in der scheinbar naturgesetzlichen, voraussagbaren Folge von Aufbruch, Entfaltung und Niedergang ausübt. Die kulturgeschichtlich vielleicht wirkungsvollste Anwendung dieses aus der Antike ererbten[44], dort (Cicero, Seneca) vielfach kulturkritisch zugespitzten Verlaufsschemas ist Giorgio Vasaris Konstruktion der italienischen Kunstgeschichte in den ‚Vite dei piu eccellenti pittori, scultori et architettori' von 1550.[45] Vasari setzt mit der ‚(Wieder-)Geburt' der Künste durch die Befreiung vom byzantinischen Einfluß unter Cimabue und Giotto ein. Auf dieses ‚Kindesalter' folgt das Heranwachsen und Reifen in der allmählichen Ausbildung aller Möglichkeiten mit der Leitfigur Masaccio. Erst in der dritten Phase, dem reifen Mannesalter, erreiche die Kunst dann bei Leonardo, Raffael und vor allem Michelangelo ihre volle Größe und Harmonie. Nach ihr kann es nur Niedergang geben und neue Geburt.

Gegenüber dieser auf die klassische Vollendung abzielenden Vorstellung von langsamer Entfaltung bis zur harmonischen Vereinigung aller Möglichkeiten am Ende einer Kunstperiode wie eines Lebens ist das Blütezeitmodell mit seiner Betonung des Neuen und Dynamischen ein ganz und gar antiklassisches. Auch das behindert aber nicht seine Verwendung. Seine Attraktivität ist offenbar so groß, daß sie die Widersprüche zurücktreten läßt, die das Modell erzeugt.

IV.

Wilhelm Scherer, der mit seiner „Geschichte der deutschen Litteratur" von 1883 die für lange Zeit wirkungsvollste Modellierung der Literaturgeschichte geschaffen hat, baut seine Darstellung auf drei Blüteperioden auf[46]:

---

[42] Einige Beispiele für die anderen Akzente, die die Antike setzt, bei *Demandt*, Metaphern (wie Anm. 22), 140f.
[43] Eine Spur dieses Problems in Johnsons Überlegungen zur Literatur um 1200 als ‚Erntezeit': *Johnson*, Höfische Literatur (wie Anm. 14), 4.
[44] S. oben bei Anm. 38.
[45] Zur Konzeption jetzt *Giorgio Vasari*, Kunstgeschichte und Kunsttheorie. Eine Einführung in die Lebensbeschreibung berühmter Künstler anhand der Proemien. Kommentiert v. Matteo Burioni u. Sabine Feser. Berlin 2004.
[46] *Wilhelm Scherer*, Geschichte der deutschen Litteratur. Berlin 1883, 18–21. Vorbereitet bereits in seiner Geschichte der deutschen Dichtung im elften und zwölften Jahrhundert. Straßburg/London 1875, 1–10.

– einer ersten, „um das Jahr 600", in der das – leider nicht erhaltene – „germanische Nationalepos seine Blüte" (!) erlebt habe;
– einer zweiten „um das Jahr 1200", in der „jene in der Zwischenzeit halbvergessenen Stoffe der Heldensage wieder in Aufnahme" gekommen seien und „Epiker und Lyriker vom ersten Range, Wolfram von Eschenbach, Gottfried von Straßburg und Walther von der Vogelweide" gewirkt hätten, „deren künstlerische Bildung zum Theile wenigstens auf französischen Mustern beruht";
– einer dritten „um das Jahr 1800", in der „Deutschland seinen Goethe, seinen Schiller" besitze, „deren dichterische und gelehrte Genossen und Nachfolger, welche die Bildungszuflüsse aus französischen, englischen, antiken und älteren einheimischen Quellen in sich vereinigen, läutern und dem nationalen Leben zuführen."

Die – zugegeben nur schlagwortartigen – Begründungen für die drei ‚Blüteperioden' sind schwer auf ein Prinzip zu bringen. Für die erste gilt wohl die mit dem Modell verbundene Vorstellung des Aufbruchs und des Aufblühens (nur hier verwendet Scherer bezeichnenderweise auch das Bild von der ‚Blüte'). Für die zweite gilt eher ein unbestimmter Qualitätsmaßstab („vom ersten Range"). Für die dritte am ehesten der dem Blütezeitmodell gänzlich fremde Gedanke der Vollendung von früher und anderswo Angelegtem.

So hebt Scherer die Sonderstellung der zweiten und der dritten Periode noch einmal heraus:

„In der zweiten wie in der dritten Blüteperiode gewahren wir ein freies Umherblicken, das alle Vorurtheile überwindet und im Adel der Seele das wahre Glück des Menschen sucht. Unabhängig von politischen Entzweiungen wächst die Achtung auswärtiger Nationen; zwar sucht ein patriotisches Streben mit ihnen zu wetteifern und sie zu überbieten, vor Allem aber, um von ihnen zu lernen; man ist großherzig genug, um nicht die Anerkennung der Fremden für eine Sünde gegen den Nationalstolz zu halten; und so kommt uns der ausgebildetere romanische Formsinn zu Hilfe, läutert unseren Geschmack, verlockt uns zur Nachahmung, und, indem er uns zu unterwerfen schien, hat er uns selbständig gemacht."[47]

Vielleicht läßt sich in der Verschmelzung des humanen Menschenbildes mit der – im Jahre 1883 durchaus bemerkenswerten – nationalen Selbstdisziplinierung noch ein Rest des einer Blütezeit eigentlich zustehenden Aufbruchselans sehen, aber im ganzen hat Scherer das Blütezeitmodell, indem er es zu kanonisieren versucht hat, seiner Gehalte entleert. Die ‚Blüteperioden' sind fortan nichts weiter als Höhepunkte. Den ‚Höhepunkten' fehlt aber eine der Blüte vergleichbare suggestive Semantik und erst recht die legitimierende, entlastende Verankerung in naturgesetzlichen Abläufen. Scherer trägt sie nach, indem er den Begriff erneut und wiederum dynamisch auffüllt: Höhepunkte sind Wellenberge.

[47] Ebd. 21.

Die „Höhepunkte" der deutschen Literaturgeschichte sind dasjenige, worauf hin und von denen fort sich alles ‚entwickelt': „Wenn wir von Höhepuncten der Entwicklung sprechen, so setzt dies voraus, daß ein Streben zu diesen Puncten hin, ein Emporsteigen, und nachher ein Herabsinken stattfinde. Die Höhepuncte sind gleichsam Wellenberge, und den Wellenbergen *müssen* Wellenthäler entsprechen".[48] Damit ersetzt Scherer das seiner Gesetzmäßigkeit beraubte Blütezeitmodell durch ein anderes, das ihm wieder den Anschluß an Naturabläufe und ihre Regelmäßigkeit erlaubt. Seine Übertragbarkeit legitimiert er durch eine geradezu abenteuerliche Konstruktion: nicht nur *müssen* den Wellenbergen Wellentäler folgen, beides hat auch in regelmäßigen Abständen stattzufinden – und genau das demonstriere der Verlauf der deutschen Literaturgeschichte mit ihren drei Höhepunkten um 600, 1200 und um 1800. Für die Glanzzeiten der höfischen Literatur des Mittelalters und der Weimarer Klassik kann er sich dabei auf die unbestrittenen Anschauungen der Zeit stützen, aber zwei Höhepunkte ergeben noch keinen Rhythmus, und so erfindet er gegen alle Vernunft den ersten um 600: für eine Zeit, für die deutsche Literatur überhaupt noch keine brauchbare Größe sein kann; für die keinerlei Zeugnisse vorliegen, in der allenfalls das eine oder andere Ereignis zu suchen ist, das 250 Jahre später in die Heldendichtung eingegangen ist – überhaupt für eine der undeutlichsten Phasen der europäischen Kulturgeschichte.

V.

Scherers Entleerung des Blütezeitmodells in eine nahezu substanzlose Metaphorik und die dann tatsächlich im Sinne der Organismus-Vorstellungen (in bedenklicher Weise auch im Sinne der Systemtheorie) notwendige, ja diese sogar rechtfertigende Substitution durch eine neue, jetzt wieder substantielle Bildlichkeit bezeugt – besonders durch die offensichtliche Kuriosität des neuen Modells – die Fesselung der Vorstellungskraft bei der Ordnung historischer Phänomene durch traditionelle Bilder, solche vor allem, die durch die Orientierung an herrschenden Paradigmata erkenntnistheoretische Entlastung versprechen. Für das 19. Jahrhundert, spätestens seit Goethe, sind das ohne Frage die Naturwissenschaften in ihren unterschiedlichsten Erscheinungsformen, für frühere Jahrhunderte nehmen ihren Platz Naturbeobachtung und vor allem elementare Naturerfahrung ein. Was in der Natur geschieht, ist in seinem Ablauf nicht in Zweifel zu ziehen. Es ereignet sich, wie man zu sagen pflegt, *objektiv*. Da es sich so und nicht anders, und in der Regel mit angebbaren Voraussetzungen und Folgen ereignet, geschieht es – in einem alltagssprachlichen Sinn – auch notwendig. Was aber *notwendig* ge-

[48] Ebd. 19.

schieht, ist – wiederum in einem alltagssprachlichen Sinn – nicht Konstruktion des Betrachters, sondern Faktum, das er nur zu registrieren und zu beschreiben hat. Das entlastet den Historiker (sicher nicht nur den Literaturhistoriker) von seinen Zweifeln; es scheint ihm die Verantwortung für die Konstruktion von Geschichte abzunehmen. Objektivität und Notwendigkeit sind in den modernen Naturwissenschaften längst problematische Begriffe geworden. Als Fluchtorte für Geisteswissenschaftler haben sie seit langem ausgespielt. Dennoch bleiben die alten Muster – wie meine wenigen Beispiele zeigen mochten – nach wie vor wirksam, nicht nur weil Bilder und Vorstellungsmuster archetypische Erfahrungen festschreiben, die es gar nicht nötig haben, permanent dem wissenschaftlichen Fortschritt angepaßt zu werden, sondern weil sie als therapeutische Stützen für das Risiko historischen Erkennens benötigt werden, und das eben nicht nur in Zeiten, in denen das wissenschaftliche Beschreibungsinventar noch nicht genügend ausgebildet ist.[49] Vielleicht wäre aber doch auch hier anzustreben, die Krücken wegzuwerfen, wenn Mut und Zutrauen in die Fähigkeit zur freien Fortbewegung gewachsen sind.

---

[49] So *Pfaffenberger*, Blütezeiten (wie Anm. 30), 282f., zur Entschuldigung der Literaturwissenschaft des 19. Jahrhunderts.

Meistererzählungen und Meistergesänge

Geschichte und Aufführungen der Musik des Mittelalters

Von

Oliver Huck

Einer Geschichte der Musik fehlen, wenn man Musik als „musica sonora" versteht[1], vor der Erfindung des Phonographen durch Thomas Alva Edison 1877 Quellen, die es erlauben würden, sie zu erzählen. Denn während sich etwa die Kunstgeschichte auf die Artefakte selbst stützen kann, ist dies im Falle der Musikwissenschaft vor der Erfindung des Tonträgers nicht der Fall.[2] Eine Geschichte der Musik des Mittelalters ist damit nicht nur insofern eine ‚Erzählung', als sie wie jede Geschichte Konstruktion ist, sondern sie unterscheidet sich von anderen Geschichten der ‚Künste' insofern, als sie über ihre Gegenstände nur mittelbar verfügen kann, so daß Daniel Leech-Wilkinson von der „modern invention of medieval music"[3] spricht. Der Ausfall von Tonträgern als Quellen führte dazu, daß den schriftlichen Aufzeichnungen von Musik, im modernen Sprachgebrauch als Noten bzw. Partituren bezeichnet, zentrale Bedeutung zukam, und dies sowohl für die implizite oder explizite (Re-)Konstruktion der einzelnen ‚Musiken' als auch für die darauf basierende Musikgeschichte. Musikkulturen, die wie die jüdische oder die muslimische im Mittelalter nicht von einer schriftlichen Aufzeichnung Gebrauch machten, nahmen innerhalb der Musikgeschichtsschreibung damit nahezu keinen Raum ein, die Geschichte der Musik des Mittelalters wurde zu einer Geschichte der christlichen „Musik im Abendland"![4]

---

[1] Zum Musikbegriff vgl. *Albrecht Riethmüller*, Stationen des Begriffs Musik, in: Frieder Zaminer (Hrsg.), Ideen zu einer Geschichte der Musiktheorie. (Geschichte der Musiktheorie, Bd. 1.) Darmstadt 1985, 59–95.
[2] Insofern ist der Vergleich der Musikgeschichte mit einem Tonband bei *Michael Zimmermann*, Polyphonie der Musikgeschichte, in: Die Musikforschung 30, 1977, 164–169, hier 165, eine unglücklich gewählte Metapher.
[3] *Daniel Leech-Wilkinson*, The Modern Invention of Medieval Music. Cambridge 2002.
[4] Programmatisch beginnt hingegen in der letzten Auflage der New Oxford History of Music der entsprechende Band mit einem Kapitel über „Muslim and Jewish Musical Traditions of the Middle Ages", vgl. *Reinhard Strohm/Bonnie J. Blackburn* (Eds.), Music as Concept and Practice in the Late Middle Ages. (New Oxford History of Music, Vol. 3/1.) Oxford 2001. Vgl. auch *Max Haas*, Art. „Mittelalter", in: Die Musik in Geschichte und Gegenwart. Sachteil. Bd. 6. 2. Aufl. Kassel u. a. 1997, 325–354, sowie *Max Haas*, Zur Musiktheorie der drei Schriftreligionen Judentum, Christentum und Islam im Mittelalter, in: Dörte Schmidt (Hrsg.), Musiktheoretisches Denken und kultureller Kontext. (Forum Musikwissenschaft, Bd. 1.) Schliengen 2005, 19–43. Zur „Musik im Abendland" siehe

Es ist jedoch eine Illusion, daß sich Musik dann aus ihrer schriftlichen Überlieferung authentisch wiedergewinnen lasse, wenn man hinreichend mit ihrem theoretischen und historischen Kontext vertraut sei.[5] Das Paradigma einer ‚Historischen Aufführungspraxis'[6] einerseits und die Verfügbarkeit von Tonträgern andererseits führten dennoch dazu, daß die Musik des Mittelalters in der Regel und zunehmend auch von Musikwissenschaftlern nicht mehr lesend, sondern hörend angeeignet wird. Der Tonträger präsentiert das Gehörte jedoch nicht als Aufführung, sondern als Werk, mithin nicht als ‚Erzählung' von einer Musik des Mittelalters, sondern als diese selbst.[7] Die Konsequenz daraus ist, überspitzt gesagt, daß nicht mehr die Musikwissenschaftler, sondern die Musiker die Deutungshoheit über die Musik des Mittelalters haben und die Rekonstruktionen der Musik unser Bild von der Musikgeschichte des Mittelalters in mindestens dem gleichen Maße prägen wie die historischen Meistererzählungen.[8] Zwischen einem Tonträger mit ‚christlicher' Musik des Mittelalters und einem ebensolchen mit jüdischer bzw. muslimischer Musik des gleichen Zeitraums besteht jedoch insofern ein Unterschied, als es sich bei letzteren nur dann um Musik des Mittelalters handelt, wenn man die Voraussetzung einer über mehrere hundert Jahre stabilen mündlichen Musiktradition als gegeben akzeptiert. Im Falle der ‚christlichen' Musik hingegen läßt sich jede Aufführung und jeder Tonträger auf eine Hypothese über das Verhältnis von überlieferter schriftlicher Aufzeichnung und rekonstruiertem Klang zurückführen, die ich hier in Analogie zur Meistererzählung als Meistergesang bezeichnen möchte.[9]

Hans Heinrich Eggebrecht, Musik im Abendland. Prozesse und Stationen vom Mittelalter bis zur Gegenwart. München 1991.
[5] Vgl. *Richard Tauraskin*, The Pastness of the Present and the Presence of the Past, in: Nicholas Kenyon (Ed.), Authenticity and Early Music. 5. Aufl. Oxford 1994, 137–210.
[6] *Hermann Danuser*, Einleitung, in: ders. (Hrsg.), Musikalische Interpretation. (Neues Handbuch der Musikwissenschaft, Bd. 11.) Laaber 1992, 13, hebt hervor, daß es sich bei dem „historisch-rekonstruktiven Modus" der Interpretation um den jüngsten und im Gegensatz zu den beiden anderen Modi („traditioneller" bzw. „aktualisierender") um den einzigen handelt, der „in erster Linie in der Kultur der ‚Alten Musik' angesiedelt ist, die vom Mittelalter bis etwa zur Wiener Klassik (1780) reicht".
[7] Der Vorteil des Tonträgers liegt darin, die Narrative der Meistergesänge über einen längeren Zeitraum nachvollziehen zu können, das Problem in der werkhaften Verdichtung von Aufführung. Vgl. hierzu *Martin Elste*, Mittelalter auf alten Schallplatten. Die Anfänge der Rekonstruktion mittelalterlicher Musizierpraxis, in: Jürgen Kühnel (Hrsg.), Mittelalter-Rezeption III. Göppingen 1988, 421–436; ders., Die Popularisierung mittelalterlicher Musik durch Schallplatten, in: Peter Wapnewski (Hrsg.), Mittelalter-Rezeption. Stuttgart 1986, 547–554; ders., Mittelalter aus dem Geiste der kommerziellen Vermarktung, in: Wolfgang Gratzer/Hartmut Möller (Hrsg.), Übersetzte Zeit. Das Mittelalter und die Musik der Gegenwart. Hildesheim 2001, 309–324.
[8] *Jean-François Lyotard*, Das postmoderne Wissen. Wien 1994, spricht vom Wettstreit zwischen dem Wissen der Wissenschaftler und jenem der Erzähler. Ein anschauliches Beispiel dafür bietet der Medienverbund von Buch und Musik-CD in *Bernhard Morbach*, Die Musikwelt des Mittelalters. Kassel u. a. 2004.
[9] Meistererzählungen und Meistergesänge bezeichnen hier die narrativen bzw. klingenden Interpretationen der Musik des Mittelalters durch Musikwissenschaftler bzw. Musi-

In der deutschsprachigen Musikwissenschaft forderten unter dem Eindruck einer postmodernen ‚New Musicology'[10] vor allem Hartmut Möller und Annette Kreutziger-Herr eine Überwindung der Meistererzählungen und der Meistergesänge vom Mittelalter.[11] Da es jedoch nicht genügt, die Metaerzählung zu benennen, da vielmehr die Praxis und die Strategien ihrer Narrativierung aufzudecken sind, werde ich im folgenden eine Bestandsaufnahme versuchen, die sich an den fünf Bedeutungsebenen bzw. Dimensionen orientiert, die Konrad Jarausch und Martin Sabrow bzw. Matthias Middell, Monika Gibas und Frank Hadler übereinstimmend als Determinanten einer (historischen) Meistererzählung nennen.[12] Was folgt, ist lediglich eine Skizze, die im Kontext der anderen Beiträge zu den Meistererzählungen vom Mittelalter bewußt spezifisch musikalische Aspekte akzentuiert.

I. Musik als ‚Werk'

Carl Dahlhaus, der vielleicht als der letzte Vertreter einer deutschen Tradition der Musikwissenschaft gelten kann, dessen Arbeiten den Fachdiskurs global mitgeprägt haben, war in seinen „Grundlagen der Musikgeschichte" von folgender Prämisse ausgegangen:

ker und zielen nicht auf eine terminologische Ausdifferenzierung von Qualitätsmerkmalen wie *Konrad H. Jarausch/Martin Sabrow*, „Meistererzählung" – zur Karriere eines Begriffs, in: dies. (Hrsg.), Die historische Meistererzählung. Göttingen 2002, 9-32, hier 12, nahelegen könnten: „Tatsächlich verschränken sich zumindest im deutschsprachigen Kulturraum zwei nahezu gegensätzliche Traditionslinien im Begriff der Meistererzählung, nämlich einmal die preisende Reverenz vor dem großen literarischen Wurf des *poeta laureatus* und zum anderen die spöttische Erinnerung an die Kunst der Meistersinger, also an die schulmäßig betriebene Liebesdichtung im Spätmittelalter, die Poesie und Musik als lehrbare Technik in einen Kanon fester Versregeln einbanden und mit Hilfe von Preisgerichten über deren strikte Einhaltung wachten." In diese Sicht ist selbstverständlich eine Meistererzählung vom Mittelalter eingegangen, deren Urheber gerade kein Historiker, sondern ein Musiker ist: Richard Wagners „Die Meistersinger von Nürnberg".
[10] Vgl. etwa *Laurence Kramer*, Classical Music and Postmodern Knowledge. Berkeley 1995. Zur Auseinandersetzung mit der New Musicology vgl. vor allem *Leo Treitler*, The Historiography of Music: Issues of Past and Present, in: Nicholas Cook/Mark Everist (Ed.), Rethinking Music. 2. Aufl. Oxford 2001, 356-377.
[11] *Annette Kreutziger-Herr*, Ein Traum vom Mittelalter. Köln/Weimar/Wien 2003, 98; *Hartmut Möller*, Geschichtsbilder mittelalterlicher Musik, in: Neue Zeitschrift für Musik 160, 1999, 8-13; ders., Postmoderne Herausforderungen an die Mittelalterforschung, in: Annette Kreutziger-Herr/Dorothea Redepenning (Hrsg.), Mittelalter-Sehnsucht? Kiel 2000, 19-34; und ders., Mittelalter-Übersetzungen, in: Gratzer/Möller (Hrsg.), Übersetzte Zeit (wie Anm. 7), 17-46, hier 32f.
[12] Vgl. *Jarausch/Sabrow*, Meistererzählung (wie Anm. 9), 17f., und *Matthias Middell/Monika Gibas/Frank Hadler*, Sinnstiftung und Systemlegitimation durch historisches Erzählen. Überlegungen zu Funktionsmechanismen von Repräsentationen des Vergangenen, in: dies. (Hrsg.), Zugänge zu historischen Meistererzählungen. (Comparativ, Bd. 10/2.) Leipzig 2000, 7-35, hier 24.

„Musikgeschichte als Geschichte einer Kunst erscheint unter den Voraussetzungen der Autonomieästhetik einerseits und einer sich an den Begriff der Kontinuität klammernden Geschichtstheorie andererseits als unmögliches Unterfangen, weil sie entweder – als Sammlung von Strukturanalysen einzelner Werke – keine *Geschichte* der Kunst oder aber – als Rekurs von den musikalischen Werken zu ideen- und sozialgeschichtlichen Vorgängen, deren Verknüpfung dann den inneren Zusammenhalt der Geschichtserzählung ausmacht – keine Geschichte der *Kunst* ist."[13]

Während Dahlhaus als Lösung dieses Problems vorschlägt, die Geschichte im einzelnen Werk zu erfassen und dieses so in der Geschichte zu sehen, ist für die Musikgeschichte bis 1600 festzuhalten, daß von einer Autonomieästhetik nicht die Rede sein kann und ‚Kunst' ebenso wie ‚Werk' keine a priori gegebene Qualität von Musik ist. Mit Schrift, Zeit und Raum benennt Michael Walter drei zentrale Parameter, die für ihn die „Grundlagen der Musik des Mittelalters" bilden. Damit wird die Konzeptualisierung von Musik selbst historisiert: „Als musikalisches Kunstwerk kann hermeneutisch nur das interpretiert werden, was zu einem je gegebenen historischen Zeitpunkt als solches verstanden wurde."[14] Autonomie der Musik kann damit nicht Maßstab, sondern nur Gegenstand wissenschaftlicher Interpretation sein, wenn diese den sich wandelnden mentalen Status und damit die Mentalitätsgeschichte nicht ignoriert.

Selbst dort, wo im Zuge einer konsequenten Historisierung des Begriffs ‚Musik' mentale Differenzen reflektiert werden, sind jedoch ein ästhetisch motiviertes Telos der Geschichte und der Werkbegriff als unausgesprochene Voraussetzung einer Musikgeschichte unverkennbar. Ob man die isorhythmische Motette des 14. Jahrhunderts nun unter den Vorzeichen einer rückprojizierten Autonomieästhetik oder des Vorhandenseins der mentalen Voraussetzungen in bezug auf Raum, Zeit und Schrift als den Beginn der Musik als autonomer Kunst ansieht[15], oder ob man den Beginn der Musik als Kunst

---

[13] *Carl Dahlhaus*, Grundlagen der Musikgeschichte. Köln 1977, 37. Dahlhaus war die Notwendigkeit, „die historische Methode den Wandlungen der Phänomene, die sie erfassen soll, anzugleichen" (ebd. 123), sehr wohl bewußt. Zur grundsätzlichen Kritik am Werk als Kategorie für die Musik vor 1800 vgl. *Lydia Goehr*, The Imaginary Museum of Musical Works. Oxford 1992, zur Kritik an Dahlhaus' Konzept des Werks als Idealtypus vgl. *Leo Treitler*, What Kind of Story is History?, in: ders., Music and the Historical Imagination. Cambridge, Mass./London 1989, 157–175.
[14] *Michael Walter*, Grundlagen der Musik des Mittelalters. Stuttgart/Weimar 1995, 310.
[15] Vgl. *Heinrich Besseler*, Die Musik des Mittelalters und der Renaissance. (Handbuch der Musikwissenschaft, Bd. 1.) Potsdam 1931, 129, und *ders.*, Ars nova, in: Friedrich Blume (Hrsg.), Die Musik in Geschichte und Gegenwart. Kassel/Basel 1949, 714, bzw. *Walter*, Grundlagen (wie Anm. 14), 210, der die mit dem Namen Franco von Köln verbundene „Ars cantus mensurabilis" als „evolutionäre Errungenschaft" bezeichnet und die Zeit vor Franco im Sinne einer Vorgeschichte der Musik deutet (ebd. 306): „Musik als Kunstwerk im Sinne der Autonomieästhetik kann erst entstehen, nachdem die Musik und ihre Parameter mögliche Objekte eines gestalteten Willens werden konnten. Wir versuchten den Beginn dieser Entwicklung über eine begrenzte historische Strecke in einem *Modell*

mit der „Musica enchiriades" oder dem Mailänder Organumtraktat ansetzt[16], macht zwar in Hinblick auf das Ergebnis und die Begründung einen Unterschied, das ‚musikalische Werk' als Narrativ prägt jedoch beide Argumentationen in gleichem Maße. Ihnen ist gemeinsam, daß sie einerseits erst jene ‚Noten' als vollgültige betrachten, in denen Tonhöhen und Rhythmus exakt fixiert sind, und andererseits ‚Partituren' insofern anderen Notaten vorziehen, als diese mehrstimmige Musik enthalten.

Die implizite Frage, was Musik sei, prägt die musikwissenschaftliche Forschung auch noch dort, wo Geschichtsschreibung explizit als eine Erzählung verstanden wird. Wenn Annette Kreutziger-Herr eine Neuerfindung mittelalterlicher Musik seit dem 19. Jahrhundert nach einem mehrere Jahrhunderte langen Abbruch der Tradition konstatiert[17], so impliziert dies, daß die liturgischen Gesänge (der sogenannte Gregorianische Choral), die kontinuierlich in der katholischen Kirche verwendet wurden, entweder keine Musik sind oder aber zumindest keine mittelalterliche.

II. Musik*geschichte* und *Musik*geschichte

Mag es für einzelne Zeiträume unterschiedliche Plots geben, für die Musik des Mittelalters insgesamt steht innerhalb einer Geschichte der Musik nur eines der drei von David Perkins benannten Grundmodelle zur Verfügung – „rise"[18]. Kein Geringerer als Johann Gustav Droysen war es, der diese Plotstruktur vorgab, wenn er die Geschichte der Musik als Beispiel für eine „monographische" Geschichtserzählung wählte.[19] Droysen hatte jedoch auch konstatiert, daß es „bis gegen die Mitte unseres Jahrhunderts [...] nie-

---

nachzuvollziehen, das die Wirklichkeit der Musik (nicht die Realität) nachzuzeichnen suchte. Und als weiterführende These ließe sich formulieren, daß der Kunstcharakter eines musikalischen Werks durch den Grad der Reflexion über die Operationabilität seiner Konzeptualisierung (man vergleiche etwa den Franconischen Modusbegriff) bestimmt wird."

[16] Vgl. *Walter*, Grundlagen (wie Anm. 14), 250, der sich gegen *Eggebrecht*, Musik im Abendland (wie Anm. 4), wendet und 297 ff. die Konstruktion eines per se gegebenen musikalischen Raums als den qualitativen Sprung im Mailänder Organumtraktat hervorhebt.

[17] Vgl. *Kreutziger-Herr*, Ein Traum (wie Anm. 11).

[18] Zu den drei Modellen Aufstieg, Fall sowie Aufstieg und Fall vgl. *David Perkins*, Is Literary History Possible? Baltimore/London 1992, 39. Zur Anwendung auf die Musik vgl. etwa *Reinhard Strohm*, The Rise of European Music 1380-1500. Cambridge 1993.

[19] *Johann Gustav Droysen*, Historik. Hrsg. v. Rudolf Hübner. München 1937, 293, nennt als Merkmal der ‚monographischen' Erzählung, „einen Gedanken werden und immer reicher und vielseitiger emporwachsen zu sehen"; am Rand notiert er dazu in sein Manuskript: „so die Geschichte der Musik: immer neue Forderungen und Mittel, die an sie herantreten, die Geige, Palestrina usw." (ebd. XIV).

mandem eingefallen" sei, „von einer Geschichte der Musik zu sprechen".[20] Als Voraussetzung einer Musikgeschichte wird der Zusammenhang zwischen der Musik der Gegenwart und der Musik der Vergangenheit verstanden. Der Kulturbetrieb des 19. Jahrhunderts gab das Konzept von Musik als einem autonomen Kunstwerk im emphatischen Sinne vor. Aus diesen beiden Bedingungen resultierte ein von Michael Zimmermann als „Legende" bezeichnetes Geschichtsmodell, in dem sich die Musikgeschichte „noch selbstverständlich als Teil des Kunstlebens verstand, nämlich als Explikation von dessen Traditionshorizont".[21] Zimmermann betont die Leistungsfähigkeit dieses Modells:

„In der Entwicklung der Musik hat diese Legende [...] etwas möglich gemacht [...]: eine Geschichte, die wirklich eine Geschichte war, mit einem Telos (dem musikalischen Kunstwerk) und sogar einer Art von kollektivem geschichtlich handelndem Subjekt: die außergewöhnliche Geschichte der Musik von Bach bis zur zweiten Wiener Schule und zu Strawinsky (denn diese Epoche verstand es, Bach, der gar nicht zu ihr gehörte, ja selbst Palestrina für sich zu vindizieren)."[22]

In einer solchen teleologischen Musikgeschichte, deren Ziel die Musik der Gegenwart war – und dies bedeutete bei Raphael Georg Kiesewetter die deutsche und bei Franz Brendel die neudeutsche Musik – war das Mittelalter kein Mittel-Alter, sondern es bildete insofern den historiographischen Ausgangspunkt, als keine Musik aus der Antike verfügbar war. Jener Punkt, an dem Musik innerhalb dieser Geschichte zu Musik wurde, lag jedoch nach dem Mittelalter, das damit gleichsam nur die Vorgeschichte zur eigentlichen Musikgeschichte war. Das Modell einer solchen Musikgeschichte erwies sich jedoch insofern als erweiterungsfähig, als etwa die zweite Wiener Schule (Anton Webern war über Heinrich Isaacs „Choralis Constantinus" promoviert worden) ihre kompositorischen Wurzeln über Giovanni Pierluigi da Palestrina hinaus in die Vergangenheit zurückverlegte. Die Grundlage dafür bot eine Umwertung der mittelalterlichen Musik. War diese im Gegensatz zu literarischen Texten und der bildenden Kunst das gesamte 19. Jahrhundert hindurch als ästhetisch obsolet betrachtet worden[23], so stellte Hugo Rie-

---

[20] Ebd. 138; vgl. dazu *Dahlhaus*, Grundlagen (wie Anm. 13), 68, der darauf hinweist, daß Droysens Perspektive angesichts etwa von *Johann Nikolaus Forkel*, Allgemeine Geschichte der Musik. Leipzig 1788–1801, unhaltbar ist, jedoch betont er mit Bezug auf Droysen die Notwendigkeit „einer Geschichtserzählung oder einer historischen Strukturbeschreibung", verbunden mit dem Hinweis „Verknüpfungen von Tatsachen, wie sie Historiker vorschlagen [...] sind prinzipiell Konstruktionen".
[21] *Zimmermann*, Polyphonie (wie Anm. 2), 168.
[22] Ebd. 169.
[23] *Raphael Georg Kiesewetter*, Geschichte der europäisch-abendländischen oder unsrer heutigen Musik. Darstellung ihres Ursprungs, ihres Wachsthumes und ihrer stufenweisen Entwicklung. Leipzig 1834, 40, betont, aus dem Mittelalter (hier auf den Zeitraum 1300–1380 bezogen) sei „sehr wenig, und, vermuthlich nur zufällig, nicht eben Vorzügliches auf uns gekommen"; *Franz Brendel*, Geschichte der Musik in Italien, Deutschland

mann eine Meistererzählung bereit, die die Integration des Mittelalters in die ‚Legende' ermöglichte. Indem er aus den textlosen Melismen mehrstimmiger ‚Lieder' des Mittelalters die Mitwirkung von Instrumenten folgerte, konnte dieses Repertoire auf das Kunstlied der Gegenwart bezogen werden[24], als dessen Ursprung es damit angesehen wurde und an dessen ästhetischer Dignität es somit teilhatte. Riemanns Hypothese war sowohl für die künftigen Meistererzählungen wie auch für die Meistergesänge prägend. Die Musikwissenschaft begann, die Musik des Mittelalters als Kunstwerke zu interpretieren, die Musiker etablierten eine Aufführungspraxis, und in dieser wurden Instrumente selbstverständlich verwendet. Grundlage dafür war nicht nur die Annahme einer Kontinuität der Kompositionsgeschichte, sondern auch eine ahistorische Anthropologie der Rezeption von Musik, die gleichfalls von Riemann formuliert wurde.[25]

Die Frage nach der Periodisierung des Mittelalters in der Musikgeschichte wird jenseits von Binnendifferenzierungen in einer grundsätzlichen Weise dort wirksam, wo sie mit dem Beginn der Musik als Kunst verbunden wird. Die Plotstruktur[26] ‚Renaissance' als ein wirkungsmächtiges terminologisches Erbe Jacob Burckhardts markiert, bezogen auf die Musik, die vorangehende Zeit weniger als ein Mittel-Alter, sondern vielmehr als ein Jugendalter, als eine Vorgeschichte zur gleichsam eigentlichen, reifen Musik.[27] Das Modell ist sowohl in Guido Adlers Einteilung der Musikgeschichte in drei Stilperio-

---

und Frankreich. Von den ersten christlichen Zeiten bis auf die Gegenwart. 2. Aufl. Leipzig 1855, 20: „Im Ganzen zeigt sich noch immer [um ca. 1300, O. H.] sehr wenig Befriedigendes"; *August Wilhelm Ambros*, Geschichte der Musik. 5 Bde. Breslau/Leipzig 1862–1882, Bd. 2, 410, schließt daran an: „Wir besitzen aus dieser so langen Zeit eigentlich gar keine musikalischen Kunstdenkmale, weil in der That keine existirten, sondern alle kunstvolle oder für kunstvoll geltende Musik im Momente entstand und verschwand und keine Spur zurückliess als die Traditionen der Praxis."

[24] Vgl. *Daniel Leech-Wilkinson*, Wie überträgt man die Musik des Mittelalters?, in: Gratzer/Möller (Hrsg.), Übersetzte Zeit (wie Anm. 7), 325–339, hier 331f., sowie *Leech-Wilkinson*, Modern Invention (wie Anm. 3), 13–87.

[25] Vgl. *Hugo Riemann*, Handbuch der Musikgeschichte. 3. Aufl. Leipzig 1923, VI: „In ihrem Gesamtverlaufe ist doch erfreulicherweise die Geschichte der Musiktheorie so unverkennbar ein Fortschreiten zu immer schärferer Präzisierung und Formulierung derselben Erkenntnisse, daß wir alle Ursache haben, uns den Unterschied zwischen der Art zu Hören vor Jahrtausenden und der heutigen möglichst klein vorzustellen und allem mit ernstem Mißtrauen zu begegnen, was geeignet scheint, dieses Fundament zu erschüttern." Dagegen hob *Heinrich Besseler*, Grundfragen des musikalischen Hörens, in: Jahrbuch der Musikbibliothek Peters 32, 1925, 35–52, die historische Gebundenheit des Hörens hervor.

[26] Vgl. *Hayden White*, Der historische Text als literarisches Kunstwerk, in: Christoph Conrad/Martina Kessel (Hrsg.), Geschichte schreiben in der Postmoderne. Stuttgart 1994, 123–157, hier 142.

[27] Zur Konzeption einer Musik der Renaissance im 19. Jahrhundert vgl. etwa *Philippe Vendrix*, „La musique montait, cette lune de l'art!" Redécouvertes de musiques de la Renaissance à l'ère romantique, in: Philippe Vendrix (Ed.), La Renaissance et sa musique au XIXe siècle. (Épitome musical, Vol. 5.) Paris 2000, 9–58.

den subkutan enthalten[28] als auch dort, wo ausgehend von Riemanns Auffassung von Tonalität als einem naturgegebenen und konstitutiven Merkmal von Musik die klangliche Veränderung um 1430 als qualitativer Sprung begriffen wird[29]; und es ist ausgesprochen zählebig[30].

Dort, wo die ästhetische Grenzziehung zwischen Mittelalter und Renaissance als Demarkationslinie zwischen eigentlicher und uneigentlicher Musik beibehalten wird, wo jedoch der Kanon der ‚Legende' nach vorne hin erweitert werden soll, wurde etwa für das 14. Jahrhundert der Begriff „Frührenaissance"[31] eingeführt.[32] Dies aufzuheben setzte voraus, das in der ‚Legende' entfaltete Konzept zeitlich auszudehnen und damit die neuzeitlichen Musikkonzepte auf das Mittelalter zu übertragen, insbesondere die Kategorien Kunst, Künstler und Werk. Das Mittelalter wird dabei von einem Noch-nicht

---

[28] *Guido Adler* (Hrsg.), Handbuch der Musikgeschichte. 2. Aufl. Berlin 1930, gliedert die Musikgeschichte in drei Stilperioden: die einstimmige Musik der christlichen Kirchen und des Judentums, die weltliche und mehrstimmige Musik bis 1600 und die Musik nach 1600. Die Musik der Antike, der ‚Naturvölker' und der ‚orientalischen Kulturvölker' stehen als Präludium gleichsam außerhalb der Geschichte. Die Abfolge der drei Stilperioden ist der Plotstruktur des Aufstiegs verpflichtet; innerhalb jeder Stilperiode kommt das Modell Aufstieg und Fall zum Tragen, so daß das Mittelalter in der ersten Stilperiode alle drei Zustände enthält, in der zweiten Stilperiode jedoch lediglich die Vorgeschichte darstellt, vgl. *Guido Adler*, Methode der Musikgeschichte. Leipzig 1919, 20f.: „Bei dem Verfolg von Entstehen, Blüte und Niedergang einer Stilrichtung wird das zeitliche Mittelglied das Hauptvergleichsmoment bilden. Die Stilkriterien werden von dieser Mittelgruppe aus angelegt werden, so im Werdegang des Chorals von der Stilart des 10. und 11. Jahrhunderts, in der mehrstimmigen a capella-Musik von den zur Vollreife gediehenen Stilarten des 15. und 16. Jahrhunderts". Zur Kritik dieses in *Guido Adler*, Der Stil in der Musik. Leipzig 1911, 13, mit einem „organischen Fortgang" in Verbindung gebrachten Modells der Tonkunst als eines Organismus vgl. *Dahlhaus*, Grundlagen (wie Anm. 13), 27–29 und 76f.

[29] Vgl. *Heinrich Besseler*, Bourdon und Fauxbourdon. Leipzig 1950, zur Konzeption von Tonalität als eines universellen Prinzips der Musik vgl. *Michael Beiche*, Art. „Tonalität", in: Handwörterbuch der musikalischen Terminologie. Stuttgart 1992 [unpag.].

[30] Zur Kritik der Auffassung des Mittelalters als einer Vorgeschichte vgl. *Max Haas*, Musik und Sprache – Musik als Sprache. Notizen aus der musikwissenschaftlichen Provinz, in: Schweizer Jahrbuch für Musikwissenschaft NF. 20, 2000, 85–142.

[31] Vielfach synonym mit „Ars nova". Zur Problematik des Titels und vor allem der Zuschreibung des entsprechenden, namengebenden Traktats an Philippe de Vitry vgl. *Sarah Fuller*, A Phantom Treatise of the Fourteenth Century? The Ars nova, in: The Journal of Musicology 4, 1985/86, 23–50.

[32] Zur wechselnden Zuordnung dieses Jahrhunderts zu Mittelalter und Renaissance bzw. seiner Einordnung als eigenständige Periode zwischen beiden vgl. *Werner Braun*, Das Problem der Epochengliederung in der Musik. (Erträge der Forschung, Bd. 73.) Darmstadt 1977, 11. Zu den Narrativen der Periodisierung vgl. auch *Werner D. Freitag*, Der Entwicklungsbegriff in der Musikgeschichtsschreibung. (Taschenbücher zur Musikwissenschaft, Bd. 30.) Wilhelmshaven 1976. Die Idee einer Epochenzäsur um 1430, nach der die Geschichte der Musik überhaupt erst beginnt, erscheint erstmals 1477 bei *Johannes Tinctoris*, Liber de arte contrapuncti. Hrsg. v. Albert Seay. (Corpus scriptorum de musica, Bd. 22/2.) [Rom] 1975.

umgewertet zur Basis, zum Fundament der abendländischen Musik, die Suche nach Diskursbegründern und „inventores" rückt in den Vordergrund, ebenso der Nachweis von neuzeitlichen Qualitäten. Als Differenzkriterium der abendländischen Musik insgesamt bestimmt Hans Heinrich Eggebrecht ‚Rationalität'[33], die er vor allem in den Faktoren Theorie, Notation, Komposition und Geschichtlichkeit ausmacht.[34] Folgerichtig beginnt die Geschichte der Musik mit der „Entstehung und Frühzeit der artifiziellen Mehrstimmigkeit"[35], deren Urknall die „Musica enchiriades" ist. Nicht nur die germanozentrische Darstellung[36], sondern auch Eggebrechts Geschichtsbild entspricht damit grundsätzlich jenem, das Kiesewetter in seiner Musikgeschichte 1834 entworfen hatte, deren erste Epoche mit dem Namen Hucbald identifiziert wird, da Hucbald von St. Amand seit Martin Gerberts Edition der „Musica enchiriades" als deren Autor galt. Der einzige Unterschied ist, daß Eggebrecht die Ars musica nun von Beginn an als Kunst versteht.

III. Geschichte als Partitur

Klaus Grubmüller und Thomas Haye analysieren in ihren Beiträgen in diesem Band ausführlich die Axiome einer Makroebene der Geschichtserzählung, die Plotstrukturen ihrer Mesoebene und die Metaphern und Allegorien ihrer Mikroebene. Die Musikgeschichten zeigen diesbezüglich keine

---

[33] Zu einer Deutung der Rationalität als Rationalisierung vgl. *Max Weber*, Zur Musiksoziologie. Hrsg. v. Christoph Braun u. Ludwig Finscher. (Max Weber Gesamtausgabe, Bd. I/14.) Tübingen 2004, der seinerseits abhängig ist von Carl Stumpf, Erich Maria von Hornbostel und Otto Abraham, vgl. *Christoph Braun*, Max Webers „Musiksoziologie". (Neue Heidelberger Studien zur Musikwissenschaft, Bd. 20.) Laaber 1992.
[34] Vgl. *Eggebrecht*, Musik im Abendland (wie Anm. 4), 41: „Abendländische Musik – wir fragten nach ihren Kennzeichen. Die Antwort versammelte sich im Begriff der Rationalität und in deren Erscheinungsformen: *Theorie*, das wissenschaftliche Erkunden des Klingenden als Natur und als geplante Gestaltung mit den Folgerungen der Terminologie, die die Erkundung der Begrifflichkeit zuführt, und der Sprachfähigkeit der Klanggestaltung, die aus dem theoriegestifteten und -gesättigten Denken in Tönen resultiert und Musik als Tonsprache konstituiert; *Notation*, die in schriftologischen Denkprozessen das musikalisch Erdachte fixiert; *Komposition*, mit den ihr zugehörigen Kategorien des Werkes und der Interpretation, den Ideen der freien Kunst und der Autonomie, dem Begriff des Genies und den Blickrichtungen der Analyse und der Ästhetik; *Geschichtsfähigkeit*, die Innovationsintensität der Musik, ihre Teilhabe am formalen und inhaltlichen Tempo der allgemeinen Geschichte in externer Abbildlichkeit und innerer Innovationslogik [...]". Vgl. hierzu auch *Fritz Reckow*, Zur Formung einer europäischen musikalischen Kultur im Mittelalter. Kriterien und Faktoren ihrer Geschichtlichkeit, in: Christoph-Hellmut Mahling/Sigrid Wiesmann (Hrsg.), Bericht über den Musikwissenschaftlichen Kongreß Bayreuth 1981. Kassel/Basel/London 1984, 12-29.
[35] Ebd. 18.
[36] Vgl. die Kritik bei *Vladimir Karbusicky*, Wie deutsch ist das Abendland? Geschichtliches Sendungsbewußtsein im Spiegel der Musik. Hamburg 1995.

grundsätzlich anderen Befunde als die Literaturgeschichten, vielmehr werden die in anderen Disziplinen vorgeprägten Plotstrukturen übernommen. Da zudem Theorie und Methode der Narrativik nicht der Musikwissenschaft, sondern der Literaturwissenschaft eigen sind, konzentriere ich mich an dieser Stelle auf ein nicht primär narratives Modell von Geschichte. Walter Wiora bezeichnet Entwicklung, Wandlung, Umsturz, Organismus, Wachstum, Hauptstrom und Nebenflüsse, Gipfel, Linie, Kurve usw. nicht als Narrative, sondern als „einfache Anschauungsmodelle" von Geschichte. In seiner „Formanalyse des Geschichtsverlaufs" – er greift damit auf die Terminologie musikwissenschaftlicher Methodik zurück – stellt er diesen mit der Partitur ein „weniger einfaches Modell" gegenüber.[37] Was das Anschauungsmodell einer Partitur gerade für die Musikgeschichte zu prädestinieren scheint, ist die Tatsache, daß es nicht auf eine Erzählung, nicht auf Narrativität hinzielt. Denn während Narrativität im Konzept einer Programmusik im 19. Jahrhundert poetologisch[38] und in der New musicology methodologisch[39] der westlichen Musik der Neuzeit eingeschrieben worden ist, stellt sie für die Musik des Mittelalters eine anachronistische Kategorie dar. Musik erzählt im Mittelalter nicht. Und sie wird auch nicht neuzeitlich-undifferenziert als (Ton-)Sprache begriffen, sondern dort, wo sie in Analogie zur Sprache verstanden wird, werden mit Grammatik, Poetik und Rhetorik jeweils konkrete Aspekte der Sprache benannt, die die Semantik gerade nicht einschließen.[40] Sollte sich die Partitur als Anschauungsmodell für Geschichte fruchtbar machen lassen, so wäre jedoch zu fragen, ob es sich tatsächlich um einen ‚musical turn' handeln würde, oder nicht vielmehr um eine Konsequenz des ‚iconic turn'.

Zimmermann untersucht das Anschauungsmodell Partitur auf seine Leistungsfähigkeit und Grenzen hin. Mit dem Titel seines Beitrags: „Polyphonie der Musikgeschichte" gibt er einerseits eine Definition dessen, was eine Partitur ist: die „schriftliche Aufzeichnung ‚mehrstimmiger' Ensemble-Musik seit dem 16. Jahrhundert [...], bei der die von *verschiedenen* Ausführenden darzubietenden (‚horizontalen') Einzelstimmen des Satzes so ‚untereinan-

---

[37] *Walter Wiora*, Ideen zur Geschichte der Musik. (Impulse der Forschung. Bd. 31.) Darmstadt 1980, 52–63. Zu Beispielen der Anwendung dieser einfachen Geschichtsmodelle in der Musikgeschichte, die in den Beiträgen von Thomas Haye und Klaus Grubmüller in diesem Band am Beispiel der Literaturgeschichte ausführlich untersucht werden, vgl. *Wiora*, Ideen, 59–61.
[38] Vgl. *Carolyn Abbate*, Unsung Voices: Opera and Musical Narrative in the Nineteenth Century. Princeton 1991.
[39] Vgl. *Fred Everett Maus*, Art. „Narratology, Narrativity", in: The New Grove Dictionary of Music and Musicians. Vol. 17. 2. Aufl. London/New York 2001, 641–643.
[40] Vgl. *Fritz Reckow*, „Vitium" oder „Color rhetoricus"? Thesen zur Bedeutung der Modelldisziplinen grammatica, rhetorica und poetica für das Musikverständnis, in: Aktuelle Fragen der musikbezogenen Mittelalterforschung. (Forum musicologicum, Bd. 3.) Winterthur 1982, 307–321.

der' angeordnet sind, daß alles Gleichzeitig-Erklingende exakt ‚vertikal' ablesbar ist".[41] Zugleich konkretisiert er auch den in der Metapher der Partitur enthaltenen Musikbegriff insofern als einen neuzeitlichen, als Mehrstimmigkeit als konstitutives Merkmal von Musik begriffen wird. So wenig wie die Geschichte selbst ein Text ist, sondern erst die Geschichtsschreibung, so wenig ist die Musikgeschichte selbst eine Partitur. Im Zusammenhang der Meistererzählungen interessiert weniger die Frage, wie die Metapher der Partitur beschaffen ist – Zimmermann benennt als mögliche Analoga zur Stimme in der Partitur in der Musikgeschichte Komponist, Stil und (mit Präferenz) Gattung[42] – als vielmehr, daß sie ebenso wie die Erzählung eine Konstruktion darstellt: „die ‚Partitur' der Geschichte ist nicht, was uns vorliegt, sondern was wir erst noch zu erstellen haben"[43]. Die Vorstellung, sämtliche ‚Stimmen' der Geschichte in einer Partitur zusammenfassen zu können (nichts anderes als die Zusammenfassung von Stimmen bezeichnet das italienische Verb „(s)partire" zunächst[44]), ist jedoch ebenso zum Scheitern verurteilt wie jene einer allumfassenden Geschichtserzählung. Mit der zunehmenden Komplexität der Partituren im Laufe der Musikgeschichte haben sich Formen einer reduzierten Partitur etabliert, die sich deshalb besonderer Beliebtheit erfreuen, weil sie dadurch lesbarer sind, daß sie die Einzelstimmen etwa zu einem Klavierauszug zusammenfassen. Diese Metapher erscheint mir daher geeigneter, die Bedingungen, die Grenzen und den Vorgang der Geschichtsschreibung zu fassen. Musikgeschichte ist jedoch insofern eine ‚Partitur', als sie zur Grundlage von Aufführungen wird. Dieser liegen jene Narrative zugrunde, die ich als Meistergesänge bezeichnet habe.

IV. Meistergesänge

Die These, daß nicht nur das Erzählen von Musikgesichte durch Meta-Narrative geprägt wird, sondern auch ihre klangliche Vergegenwärtigung durch Meta-Gesänge, wäre alleine nicht hinreichend, um im Kontext der Meistererzählungen vom Mittelalter auf die Aufführungspraxis und Interpretation von Musik einzugehen. Nicht nur bei der ‚Historischen Aufführungspraxis' handelt es sich jedoch um einen Meta-Gesang, dessen Totalitätsanspruch mit jenem der Meistererzählungen vergleichbar ist: Er suggeriert, das heute Gehörte sei das im Mittelalter Erklungene. Leech-Wilkinson betont hingegen die Fiktionalität auch der Historischen Aufführungspraxis und bezeichnet

---

[41] *Klaus-Jürgen Sachs*, Art. „Partitur", in: Die Musik in Geschichte und Gegenwart (wie Anm. 4), Sachteil, Bd. 7, 1423–1438, hier 1423.
[42] Vgl. *Zimmermann*, Polyphonie (wie Anm. 2), 165f.
[43] Ebd. 165.
[44] Vgl. *Klaus Haller*, Art. „Partitur", in: Hans Heinrich Eggebrecht (Hrsg.), Handwörterbuch der musikalischen Terminologie. Stuttgart 1976, 3.

die Aufführungen mittelalterlicher Musik seit dem 19. Jahrhundert als „the modern invention of medieval music".[45] Daß es sich bei der Re-Konstruktion einer Aufführung der Musik des Mittelalters um Hypothesen handelt, wird bereits daran deutlich, daß es unterschiedliche Interpretationsansätze gab und gibt, die sich gleichermaßen als historisch adäquat verstehen (man zieht daher heute die Bezeichnung „historically informed performance" vor[46]). Die Konjunktur dieser Interpretationsansätze bringt Leech-Wilkinson mit den Narrativen ‚Vertrautheit' und ‚Alterität' in Verbindung: Hob Riemanns Deutung der ‚Lieder' des 14./15. Jahrhunderts als instrumental begleitete Kunstlieder zunächst die Alterität der mittelalterlichen Musik auf[47], so ermöglichte seit den 1920er Jahren die nun entstandene Vertrautheit mit ihr[48] die zunehmende Verwendung historischer Instrumente mit ihrem fremden Klang. Auch in jenen Ensembles, die wie etwa Thomas Binkleys „Studio der frühen Musik" explizit einen historisierenden Ansatz verfolgten, wurden jedoch zunächst weiterhin ganz im Sinne Riemanns schriftlich ausgearbeitete Arrangements verwandt.[49] Mit dem Paradigmenwechsel von der „instrumental hypothesis" zur „vocal hypothesis", den Christopher Page als Wissenschaftler und Musiker um 1980 gleichermaßen einläutete[50], wurde eine den Interpreten durch die Kontinuität der englischen Chöre (nicht zuletzt in den Colleges der Universitäten) präsente und damit vertraute Aufführungspraxis für das mittelalterliche ‚Lied' etabliert, die für die Hörer hingegen das inzwischen neu erwachte Bedürfnis nach einem „anderen Mittelalter"[51] einzulösen vermochte.

---

[45] *Leech-Wilkinson*, Modern Invention (wie Anm. 3); eine Zusammenfassung bietet *ders.*, Wie überträgt man die Musik des Mittelalters? (wie Anm. 24). Im Falle der zumeist als Gregorianischer Choral bezeichneten liturgischen Gesänge setzt eine aufführungspraktische Historisierung bereits früher ein. Die Semiologie ist dem Gegenstand entsprechend in besonderer Weise von außermusikalischen Narrativen geprägt.
[46] Vgl. etwa *John Butt*, Playing with History. The Historical Approach to Musical Performance. Cambridge 2002.
[47] Vgl. *Leech-Wilkinson*, Modern Invention (wie Anm. 3), 23-35. Riemann war zunächst weder in seiner Musikgeschichte noch in seinen Editionen von der Verwendung von Instrumenten ausgegangen, erst ab 1905 vertrat er diese Auffassung.
[48] Ebd. 47-58. Die Editionen von *Hugo Riemann*, Hausmusik aus alter Zeit. Leipzig 1906, und *Johannes Wolf*, Chor- und Hausmusik aus alter Zeit. Berlin 1927, unterscheiden sich jedoch trotz der Ähnlichkeit der Titel dadurch, daß Riemann von einer bildungsbürgerlichen Hausmusik, Wolf hingegen von der Sing- und Spielmusik der musikalischen Jugendbewegung als Hintergrund ausgeht.
[49] Vgl. dazu *Robert Lug*, Minnesang: zwischen Markt und Museum, in: Gratzer/Möller (Hrsg.), Übersetzte Zeit (wie Anm. 7), 117-190, hier 148.
[50] Vgl. *Christopher Page*, Machaut's „Pupil" Deschamps on the Performance of Music, in: Early Music 5, 1977, 484-491, und *ders.*, The Performance of Songs in Late Medieval France. A New Source, in: Early Music 10, 1982, 441-450. Der erste Tonträger der „Gothic Voices" war „The Mirror of Narcissus" und erschien 1983. Vgl. dazu *Leech-Wilkinson*, Modern Invention (wie Anm. 3), 99-132.
[51] Im Gefolge von *Jacques Le Goff*, Pour un autre moyen âge. Paris 1977.

Während die hier dargestellten Narrative vor allem auf die Mehrstimmigkeit angewandt wurden, lassen sich für die Einstimmigkeit mit der Dialektik mündlich-schriftlich und okzidental-oriental[52] weitere benennen. Letztere wurde zu der Idee einer Kultur des Mittelmeerraumes, die sowohl eine historische Dimension habe, zudem jedoch auch in rezenten Traditionen etwa in Afrika präsent geblieben sei, verdichtet und erstmals 1958 in der Einspielung des „Danielspiels" durch Noah Greenbergs „New York Pro Musica" umgesetzt und durch das „Studio der frühen Musik" verbreitet.[53] Rezente mündliche Traditionen bilden auch den Ausgangspunkt solcher Interpretationen, die den Grenzen der Lesbarkeit der schriftlichen Überlieferung als „objektiver Historizität" mit einer „mündlichen Authentizität"[54] einen zweiten Meistergesang gegenüberstellen. Ebenso wie die Modaltheorie einen universellen Geltungsanspruch hatte[55], ist jedoch auch die Vorstellung, „daß weltweit gemeinsame Grundstrukturen mündlicher Ornamentik existieren" und es möglich sei, „diese Ornamente in den Ligaturen der nicht-messenden mittelalterlichen Notationen wiederzuerkennen"[56], eine Meistererzählung.

Da heute je nach den durch die Ausbildung von Subsystemen innerhalb des Systems Musik individualisierten Hörgewohnheiten unterschiedliche Interpretationen als vertraut bzw. fremdartig wahrgenommen werden, ist die ‚akademische' Aufführungspraxis, deren Paradigmen Leech-Wilkinson beschrieben hat, inzwischen deshalb nur noch eine unter vielen, weil das Interesse an der Musik des Mittelalters nicht mehr notwendigerweise mit dem Interesse an ‚klassischer' Musik verbunden ist. Letztere läßt sich unter den Vorzeichen einer Erlebnisgesellschaft dem Hochkulturschema als kulturellem Verhaltensmodell zuordnen.[57] Während im Zuge der Assimilation mittelalterlicher Musik durch andere musikalische Teilkulturen (Folk, Jazz, Rock usw.) die Musik des Mittelalters mit deren jeweiligen Mitteln neu erzählt wird, lassen sich derzeit mit der Neosakralität und der Vitalität[58] zwei übergreifende Narrative erkennen, die die Produktion von Tonträgern bestimmen. Letztere wäre ohne die Idee einer „neumündlichen Ära der

---

[52] Vgl. *Leech-Wilkinson*, Modern Invention (wie Anm. 3), 64–66 u. 97f.
[53] Vgl. *John Haines*, The Arabic Style of Performing Medieval Music, in: Early Music 29, 2001, 369–378, und die Beiträge im Basler Jahrbuch für historische Musikpraxis 1, 1977.
[54] *Robert Lug*, Zwischen objektiver Historizität, oraler Authentizität und postmoderner Komposition. Zwölf Bemerkungen zur Seinsweise des mittelalterlichen Liedes im 20. Jahrhundert, in: Studia musicologica Academiae Scientiarum Hungaricae 31, 1989, 45–55.
[55] Vgl. u. a. *John Haines*, Eight Centuries of Troubadours and Trouvères. Cambridge 2004, 210–234.
[56] *Lug*, Minnesang (wie Anm. 49), 185.
[57] Vgl. *Gerhard Schulze*, Die Erlebnisgesellschaft. Kultursoziologie der Gegenwart. Frankfurt am Main/New York 1992, 142–150.
[58] Vgl. *Lug*, Minnesang (wie Anm. 49), 163–181, der einen materialreichen Überblick über den „Wildgesang der populären Mittelaltermärkte" (ebd. 117) und dessen Verbindung zur Metal-Szene bietet; zur Zielgruppenorientierung der Interpreten vgl. ebd. 186f.

elektroakustischen Medien" im ausgehenden 20. Jahrhundert nicht zu denken und läßt unter dieser Prämisse die Rockmusiker als legitime Erben der Troubadours erscheinen.[59] Die Leistungsfähigkeit der Neosakralisierung mittelalterlicher Musik in der Erlebnisgesellschaft zeigt sich für Olav Roßbach daran, daß sie an die alltagsästhetischen Schemata mehrerer Milieus anschlußfähig ist.[60] Mag man die hitparadenfähige Vermarktung einer Neuauflage älterer Aufnahmen des „Canto Gregoriano" der Benediktiner aus Santo Domingo de Silos und eine Crossover-Produktion wie „Officium" noch dem Spannungsschema oder dem Trivialschema kulturellen Verhaltens geschuldet sehen und damit nicht als ‚Meistererzählung' gelten lassen, so zeigt die Erfindung des Komponisten Perotin ein Ineinandergreifen von Meistererzählungen und Meistergesängen, das die Mythen von Perotin als dem ersten großen Meister der abendländischen Musik[61] und von einer Musik an Notre Dame in Paris als tönendem Gleichnis gotischer Kathedralen etablierte und sinnlich erfahrbar machte.[62]

V. Musik als Handlung

Während die Autoren des 19. Jahrhunderts den stufenweisen Aufstieg der christlich-abendländischen Musik beschrieben hatten, stellte sich im 20. Jahrhundert die Frage, wie diese Musikkultur in eine allgemeine Geschichte der Musik einzuordnen ist und was sie von anderen Musikkulturen unterscheidet. Wiora spricht von der „Sonderstellung der abendländischen Musik" und ordnet jenen Zeitraum, den die ‚Legende' umspannt, in einen größeren Zusammenhang ein. Er ist für ihn nach der Ur- und Frühzeit, den Hochkulturen des Altertums bzw. des Orients und vor dem Weltalter der Technik und der

---

[59] Ebd. 117; dazu ausführlicher *Robert Lug*, Nichtschriftliche Musik, in: Aleida Assmann/Jan Assmann/Christof Hardmeier (Hrsg.), Schrift und Gedächtnis. (Archäologie der literarischen Kommunikation, Bd. 1.) München 1983, 245-263, und *Robert Lug*, Rock – der wiedergeborene Minnesang?, in: Kühnel (Hrsg.), Mittelalter-Rezeption III (wie Anm. 7), 461-486.
[60] *Olav Roßbach*, Alte Musik und Neosakralisierung, in: Gratzer/Möller (Hrsg.), Übersetzte Zeit (wie Anm. 7), 191-236, hier 228-230; dort auch detaillierte Hinweise zu den im folgenden genannten CDs.
[61] Vgl. ebd. 204-216. Seither erschienen mit *Rudolf Flotzinger*, Perotinus musicus. Wegbereiter des abendländischen Komponierens. Mainz 2000, und *Heinz Klaus Metzger/Rainer Riehn* (Hrsg.), Perotinus Magnus. (Musik-Konzepte, Bd. 107.) München 2000, weitere Beiträge, die den Mythos stützen. Vgl. dagegen etwa *Anna Maria Busse Berger*, Mnemotechnics and Notre Dame Polyphony, in: Journal of Musicology 14, 1996, 263-298.
[62] Vgl. *Christian Kaden*, Des Lebens wilder Kreis. Musik im Zivilisationsprozeß. Kassel u. a. 1993, 104-139; dagegen *Hartmut Möller*, Von karolingischen Musikhörern und gotischen Konkordanzarchitekten, in: Wolfgang Gratzer (Hrsg.), Perspektiven einer Geschichte abendländischen Musikhörens. (Schriften zur musikalischen Hermeneutik, Bd. 7.) Laaber 1997, 59-110.

globalen Industriekultur das dritte Weltalter.[63] Während Wiora um eine Universalgeschichte bemüht ist, zog Heinrich Besseler aus den jüngsten musikalischen und gesellschaftlichen Entwicklungen eine andere Konsequenz: Nicht „Geschichtsbilder im eigentlichen Sinne, sondern gegenwartsbezogene historische Wertigkeiten"[64] waren sein Anliegen, wie Laurenz Lütteken hervorhob. Besseler formulierte folgendes Programm mit Blick auf die musikalische Praxis und die Komponisten:

„Inmitten der expressionistischen Krise, der allgemeinen Desorientierung und des Auftriebs unbekannter Kräfte übernahm die Historie die doppelte Aufgabe, der Gegenwartsflucht als Asyl und dem Willen zur Zukunft als Energiequelle zu dienen. [...] Man mied die Tradition der Väter, um von den Ahnen zu lernen".[65]

Gegenüber Kiesewetter, Brendel, Riemann und Adler zeichnet sich hier insofern ein neues Geschichtsbild ab, als die Plotstruktur ‚Aufstieg' nicht mehr die gesamte Musikgeschichte erfaßt, sondern mit der zweiten Wiener Schule ein Ende der Geschichte erreicht ist. Die Musik des Mittelalters (und der Renaissance) erscheint somit gegenüber der unmittelbaren Vergangenheit als ein Höhepunkt, der erst wieder zu erreichen wäre. Darüber hinaus wird die gesellschaftliche Relevanz einer Musikwissenschaft betont, die sich mit dem Mittelalter beschäftigt. Mit der Unterscheidung einer Umgangsmusik des Mittelalters und Darbietungsmusik der Neuzeit stellte Besseler zudem ein Narrativ bereit, das auch auf die Distanz des gemeinschaftlichen Musizierens der Jugendbewegung zum bürgerlichen Konzertbetrieb Anwendung finden konnte. Mit Blick auf dieses Narrativ und das von der Musikwissenschaft erschlossene und angebotene musikalische Repertoire formulierte Adolf Seifert aus der Sicht der Jugendbewegung, es bestehe eine „gewisse Verwandtschaft [...] mit dem deutschen Menschen des Mittelalters".[66] Aus dem Repertoire der Musik des Mittelalters wurde vor allem jener Teil aufge-

---

[63] *Walter Wiora*, Die vier Weltalter der Musik. Stuttgart 1961.
[64] *Laurenz Lütteken*, Das Musikwerk im Spannungsfeld von „Ausdruck" und „Erleben": Heinrich Besselers musikhistoriographischer Ansatz, in: Anselm Gerhardt (Hrsg.), Musikwissenschaft – eine verspätete Disziplin? Die akademische Musikforschung zwischen Fortschrittsglauben und Modernitätsverweigerung. Stuttgart/Weimar 2000, 213–232, hier 223.
[65] *Besseler*, Die Musik des Mittelalters und der Renaissance (wie Anm. 15), 18, 21. Zu Besseler vgl. auch *Stephen Hinton*, Alte Musik als Hebamme einer neuen Musikästhetik der zwanziger Jahre, in: Dietrich Berke/Dorothee Hanemann (Hrsg.), Alte Musik als ästhetische Gegenwart. Bd. 2. Kassel u. a. 1987, 325–330, und *Peter Gülke*, Die Nazis und der Fauxbourdon. Anfragen an nicht vergehende Vergangenheit: Heinrich Besseler, in: Isolde von Foerster/Christoph Hulst/Christoph-Hellmut Mahling (Hrsg.), Musikforschung. Faschismus. Nationalsozialismus. Mainz 2001, 373–394. Zu den praktischen Auswirkungen dieser auch von anderen Musikwissenschaftlern getragenen Tendenz vgl. *Friedhelm Krummacher*, Neue Kirchenmusik und romantischer Historismus, in: Giselher Schubert (Hrsg.), Alte Musik im 20. Jahrhundert. (Frankfurter Studien, Bd. 5.) Mainz u. a. 1995, 72–92.
[66] *Adolf Seifert*, Die neue Jugend und das alte Lied, in: Die Singgemeinde 3, 1926/27, 131–134, hier 132.

griffen, der etwa von Walther Hensel (eigentlich Julius Janiczek), dem Kopf des Finkensteiner Bundes und neben Fritz Jöde zweiten Protagonisten der Jugendmusikbewegung, als „Edel-Volkslied" begriffen wurde[67] – das deutsche Lied des 16. Jahrhunderts. Theodor W. Adorno kritisierte an der Jugendmusikbewegung[68] „den Vorrang des Musizierens über die Musik": „Daß einer fiedelt soll wichtiger sein, als was er geigt".[69] So unzweifelhaft es zutrifft, daß die Restauration einer Auffassung der Musik als „actio" statt als „opus" im 20. Jahrhundert unmöglich ist – und damit die Jugendmusikbewegung trotz Jödes „Musik ist Geborenes und will als solches nicht gewußt, gekannt oder gekonnt sein, sondern will leben und gelebt werden"[70] keineswegs eine mittelalterliche Auffassung der Musik als „ars recte/veraciter canendi" zu restituieren vermag – so sehr wurzelt Adornos Autonomieästhetik ihrerseits in der Geschichte: „Selbst das heruntergekommene offizielle Konzertleben ist der Singbewegung immer noch insofern überlegen, als es sich weigert Renaissancen zur Kenntnis zu nehmen, die sich der unheiligen Allianz von Collegium musicum und Singkreis verdanken."[71] Dieses Verdikt Adornos ist vom Konzertbetrieb ebenso überholt worden wie die Jugendbewegung von der mittelalterlichen Märkteszene.

In welchem Verhältnis die von Teilen der Musikwissenschaft forcierte Präsenz mittelalterlicher Musik in der musikalischen Praxis in den zwanziger Jahren zur musikalischen Jugendbewegung steht[72] und ob hier eine direkte

---

[67] *Walther Hensel*, in: Die Singgemeinde 1, 1923/24, 99.
[68] Zur musikalischen Jugendbewegung vgl. *Jürgen Oelkers*, Der Klang des Ganzen. Über den Zusammenhang von Musik und Politik in der deutschen Reformpädagogik, in: Gerhardt (Hrsg.), Musikwissenschaft (wie Anm. 64), 129-155.
[69] *Theodor W. Adorno*, Kritik des Musikanten, in: ders., Dissonanzen. Einleitung in die Musiksoziologie. Hrsg. v. Rolf Tiedemann. (Gesammelte Schriften, Bd. 14.) 4. Aufl. Frankfurt am Main 1996, 67-108, hier 75.
[70] *Fritz Jöde*, Die Grundlage der musikalischen Betätigung in Schule und Leben, in: Musik und Schule. Hrsg. v. Deutschen Zentralinstitut für Erziehung und Unterricht Berlin. Leipzig 1922, 30-46, hier 43.
[71] *Adorno*, Kritik des Musikanten (wie Anm. 69), 78. Die Musikwissenschaft partizipierte mit der Gründung der Collegia musica am Gedanken des gemeinschaftlichen Musizierens. Die Collegia der Universitäten Freiburg und Erlangen unter der Leitung von Willibald Gurlitt bzw. Gustav Becking musizierten in den zwanziger Jahren die Musik des Mittelalters, teilweise auch öffentlich. Vgl. die Programme bei *Kreutziger-Herr*, Ein Traum (wie Anm. 11), 355-402. Zu den Konzerten des Freiburger Collegium musicum vgl. *Heinrich Besseler*, Musik des Mittelalters in der Hamburger Musikhalle, in: Zeitschrift für Musikwissenschaft 7, 1924/25, 42-54. Hier wurde mit der Aufführungspraxis ein neues, experimentell erkundetes Forschungsgebiet für die Musikwissenschaft erschlossen.
[72] Im Fall der Publikationen von Johannes Wolf etwa scheint dies nicht der Fall zu sein, obwohl diese sich an ein breites Publikum wenden; vgl. *Johannes Wolf*, Geschichte der Musik in allgemeinverständlicher Form. Leipzig 1925-1929, und dazu als Begleitheft *ders.* (Hrsg.), Sing- und Spielmusik aus älterer Zeit. (Wissenschaft und Bildung, Bd. 218.) Leipzig 1926.

Kontinuität zum Nationalsozialismus besteht[73], wäre aus meiner Sicht in einer differenzierten Untersuchung der Meistererzählungen und Meistergesänge von der Musik des Mittelalters zu klären. Ebenso wäre die Frage zu erörtern, welche Funktionen jene Meistererzählungen erfüllen, die der fraglos absurden Vorstellung von der Musik als der deutschesten aller Künste und der deutschen Musikwissenschaft als ihren Gralshütern ein diametral entgegengesetztes Narrativ gegenüberstellen.

---

[73] Vgl. das Kapitel „Die Musikwissenschaft und die Laienbewegung 1918-1945" bei *Pamela M. Potter*, Die deutscheste der Künste. Musik und Gesellschaft von der Weimarer Republik bis zum Ende des Dritten Reichs (engl. 1996). Stuttgart 2000, 68-73, eingegangen in die Erzählung der „instrumental hypothesis" bei *Leech-Wilkinson*, Modern Invention (wie Anm. 3), 54f. Zu einer um die Begriffe „deutsch" und „germanisch" zentrierten Musikgeschichtsschreibung zu Beginn des 20. Jahrhunderts vgl. auch *Franz Körndle*, Das „germanische Tonsystem". Musikwissenschaft und Mittelalterforschung in der ersten Hälfte des 20. Jahrhunderts, in: von Foerster/Hulst/Mahling (Hrsg.), Musikforschung (wie Anm. 65), 197-210.

Zaubermärchen, Mythos und symbolische Figuren im sowjetischen und postsowjetischen historischen Metanarrativ

Von

Michail A. Bojcov

Der Ausgangspunkt der nachfolgenden Überlegungen besteht in der Annahme, daß es in jeder nationalen Kultur ein mehr oder weniger allgemeines Bild der eigenen Vergangenheit geben muß, trotz der großen Mannigfaltigkeit verschiedener, ja einander ausschließender Interpretationen der einzelnen Ereignisse oder sogar ganzer Perioden.[1] Dieses Bild kann sich bei näherer Betrachtung als durchaus lückenhaft, widersprüchlich und unlogisch erweisen. Gleichzeitig wird es üblicherweise nicht reflektiert, weil es gewissermaßen einfach in der Luft liegt. Die bunte Ansammlung von Ideen, vermeintlichen Fakten, Daten, Namen, Urteilen und Vorurteilen stützt sich zwar punktuell auf die Ergebnisse wissenschaftlicher Studien (und auch Wissenschaftler haben an derselben allgemeinen Vorstellung teil), bleibt aber gegenüber der etablierten Geschichtsschreibung weitgehend autonom. Unser „image of the past" entsteht aus dem Zusammenwirken verschiedener Medien. Genannt seien etwa die historische Belletristik, Populärliteratur und Filme, Publizistik und Politik, Werbung und Kunst, Denkmäler, Ausstellungen, historische Feste (wie etwa die ‚Landshuter Hochzeit') und nicht zuletzt Schulbücher.[2] Zugleich gilt umgekehrt, daß diese Medien ihrerseits von dem allgemeinen Bild der Vergangenheit beeinflußt werden.

---

[1] Über die entscheidende Rolle eines gemeinsamen Bildes der Vergangenheit für die Entstehung und das Bestehen jeder „community" siehe u. a. *Michail A. Bojcov*, No Community without History, no History without Community, in: Sharon Macdonald (Ed.), Approaches to European Historical Consciousness. Reflections and Provocations. With the Assistance of Katja Fausser. (Eustory Series. Shaping Europan History, Vol. 1.) Hamburg 2000, 68–74.

[2] Schulbücher stellen eine reiche Quelle zur Erforschung der Formen historischer Imagination dar, die meines Erachtens zu wenig genutzt wird. Selbst die intensive und vielseitige Tätigkeit des Georg-Eckert-Instituts für internationale Schulbuchforschung in Braunschweig hat die historischen Schulbücher noch nicht zum wissenschaftlichen Objekt des Historikers aufwerten können. Für einen Überblick über die Forschungslinien des Georg-Eckert-Instituts siehe v. a. die Zeitschrift „Internationale Schulbuchforschung" und die Publikationsreihe „Studien zur internationalen Schulbuchforschung". Weiterhin *Karl-Ernst Jeismann*, Geschichte als Horizont der Gegenwart. Paderborn 1985, 181–258; *Falk Pingel*, The European Home. Representations of 20th Century Europe in History Textbooks. Straßburg 2000; *ders.*, Europa im Geschichtsbuch, in: Europäische Geschichtskultur im 21. Jahrhundert. Hrsg. von der Stiftung Haus der Geschichte der Bundesrepublik Deutschland. Bonn 1999, 215–237; *Rainer Riemenschneider*, Das Geschichtslehrbuch in der Bundesrepublik Deutschland. Seine Entwicklung seit 1945, in:

Die Wurzeln dieses historischen Imaginariums reichen öfters bis in die Zeit vor der Entstehung der modernen Geschichtswissenschaft zurück und weisen immer noch (wie übrigens auch die moderne Geschichtswissenschaft selbst) Spuren der alten konfessionellen, dynastischen, ethnischen und regionalen Auseinandersetzungen auf. Die Bilder der Vergangenheit, die uns heute besonders vertraut sind, entstanden aber hauptsächlich im 19. Jahrhundert, als die Nationalstaaten begannen, sich für die Konzipierung einer würdigen Vergangenheit mit ihrem ganzen Eifer einzusetzen. In den starken Händen des neueuropäischen Staates sollten die Ideen über die Vergangenheit der eigenen Nation gesammelt, simplifiziert (wodurch sie nur an Suggestivität gewannen) und in ein mehr oder weniger kohärentes Metanarrativ zusammengeführt werden. Dieses Metanarrativ kann man in keinem Buch einfach nachlesen – dafür ist es zu disparat. Doch eignen es sich die Menschen lebenslang in solchen Alltagssituationen an, in denen auf die eine oder andere Weise an die Vergangenheit als Quelle für legitimierende Erklärungen der Gegenwart appelliert wird.

Zugleich gilt jedoch, daß jedes Narrativ nur dann Kohärenz erhält, wenn einfachste Regeln der Poetik eingehalten werden. Dazu gehört, daß es über eine minimale Struktur verfügen muß und einige Grundelemente enthält: einen Anfang etwa, eine Sequenz von Ereignissen, die mehr oder weniger gut einer Spannungslinie folgen, und zuletzt einen Schluß, der eine Auflösung oder eine Erklärung für die Ereignisse bietet. Im folgenden wird es um eine solche Struktur des historischen Metanarrativs der spätsowjetischen und frühen postsowjetischen Zeit gehen. Sie ist am leichtesten mit Hilfe der Schulbücher nachzuzeichnen, die seinerzeit nach einheitlichen Prinzipien konzipiert und in Millionen Ausgaben verbreitet wurden. Ihr Einfluß auf die Formen, in denen sich der Sowjetmensch und auch noch sein postsowjetischer Nachfolger die Vergangenheit vorstellte, war immens.

Den ganzen Inhalt des sowjetischen und postsowjetischen historischen Metanarrativs zu beschreiben, ist im Rahmen eines Aufsatzes nicht möglich. Es werden hier deswegen nur zwei Punkte skizziert. Erstens wird zu zeigen sein, welche Grundstrukturen das poetische Gerüst des russischen historischen Metanarrativs bestimmen, auch mit Blick auf Erinnerungskulturen anderer europäischer Länder.[3] Danach sollen einige konkrete, für die Komposition des russischen Bildes der Vergangenheit besonders relevante Schlüs-

---

Klaus Bergmann/Gerhard Schneider (Hrsg.), Gesellschaft, Staat, Geschichtsunterricht. Beiträge zu einer Geschichte der Geschichtsdidaktik und des Geschichtsunterrichts von 1500 bis 1980. Düsseldorf 1982, 295–312; *ders.*, La construction européenne dans les manuels d'histoire français, in: Cinquante ans après la déclaration Schuman. Histoire de la construction européenne, colloque de Nantes. Nantes 2001, 539–544.

[3] Als methodisch wichtige Einleitung in das breite Problemfeld siehe *Jan Assmann*, Das kulturelle Gedächtnis. Schrift, Erinnerung und politische Identität in frühen Hochkulturen. München 1992.

selstellen gesondert betrachtet werden. Darüber hinaus wird gezeigt, daß gerade diese Punkte in letzter Zeit problematisch geworden sind. Dies verursacht eine immer stärker werdende Inkongruenz zwischen der Struktur und dem Inhalt des ganzen Metanarrativs und stellt dessen suggestive Kraft ernsthaft in Frage. Dadurch droht eine Identitätskrise, welche schließlich zur Ablehnung oder zum Zerfall der gesamten ererbten Vorstellung von der Geschichte des eigenen Landes führen kann.

I.

Das offizielle Bild der Vergangenheit in der späten Sowjetunion (etwa seit den 1950er und 60er Jahren) stellte eine in sich widersprüchliche Vereinigung von zwei grundsätzlich verschiedenen Modellen dar. Das erste stützte sich auf eine Reihe allgemein philosophischer und speziell historischer Prämissen und beinhaltete eine utopische Vision der globalen Menschheitsentwicklung in Richtung der idealen und gerechten Gesellschaft. Dies muß hier ausgeklammert werden, weil es einer speziellen Studie bedürfte. Uns beschäftigt im folgenden das zweite narrative Modell. Es ist geradezu das klassische Paradigma des 20. Jahrhunderts, die Nationalgeschichte, wie sie sich seit dem 18. und 19. Jahrhundert allmählich in den europäischen Ländern ausgeprägt hat.

Ihrer Morphologie nach ähnelt dieses klassische nationalgeschichtliche Narrativ einem Zaubermärchen.[4] Dies kann kein Zufall sein, vielmehr verdienten die vielfältigen Zusammenhänge zwischen diesen zwei Textgattungen internationale und interdisziplinäre Aufmerksamkeit. Dabei soll es nicht das Ziel sein, die Geburt der Nationalgeschichte aus dem Geist eines Zaubermärchens zu erklären; vielmehr sollen tiefliegende Bereiche unseres Bewußtseins erschlossen werden, die sowohl in der Erzählstrategie von Zaubermärchen als auch in derjenigen von Nationalgeschichten zum Ausdruck kommen.

Als Hayden White die Poetik der Geschichtsschreibung des 19. Jahrhunderts aus der Dynamik der neueuropäischen Literatur heraus interpretierte[5],

---

[4] Als allgemeine Einleitung in die Problematik des Zaubermärchens siehe v. a. *Eleazar Meletinskij* u. a., Probleme der strukturalen Beschreibung des Zaubermärchens, in: Karl Eimermacher (Hrsg.), Semiotica Sovietica. Sowjetische Arbeiten der Moskauer und Tartuer Schule zu sekundären modellbildenden Zeichensystemen (1962–1973). (Aachener Studien zur Semiotik und Kommunikationsforschung, Bd. 5.) Aachen 1986, 199–284; ders., Noch einmal zum Problem der strukturalen Beschreibung des Zaubermärchens, in: ebd. 285–318.
[5] *Hayden White*, Metahistory. The Historical Imagination in Nineteenth-Century Europe. Baltimore 1973. Allerdings hat White die Parallelen zwischen verschiedenen Arten, Vergangenheit zu beschreiben, und bestimmten Tropen meines Erachtens etwas zu künstlich ausgeweitet. Einer ähnlichen Methode bedient sich auch Daniel Fulda, wenn er den poetologischen Ursprung des deutschen historischen Erzählens im Roman der Goethezeit erblickt: *Daniel Fulda*, Wissenschaft aus Kunst. Die Entstehung der modernen deutschen Geschichtsschreibung 1760–1860. Berlin/New York 1996.

beschäftigte er sich nur mit der äußeren Schicht des historischen Narrativs. Zwar ist diese äußere Schicht alles andere als unwichtig; die oberflächliche Veränderlichkeit einer kulturellen Praxis nachzuvollziehen, gehört zu Recht zu den angesehenen Aufgaben der Kulturwissenschaft. Doch soll hier ein anderer Ansatz vorgeschlagen werden, mit dem nicht die zeitbestimmte Oberfläche eines historischen Narrativs, sondern seine Kernstrukturen untersucht werden sollen. Diese sind zwar ebenfalls veränderlich, können aber zugleich über lange Zeit hindurch erstaunliche Stabilität erhalten. Dabei können die Methoden und Ergebnisse der Märchenforschung hilfreich sein, weil diese es versteht, die archaischen, aber gleichwohl immer noch wirksamen Momente sowohl in der Imagination eines einzelnen Historikers als auch im Gedächtnis einer ganzen Kultur festzustellen und zur weiteren Erforschung vorzubereiten.

Das Grundmotiv dessen, was hier als sowjetisches nationalhistorisches Märchen bezeichnet werden soll, ist genau dasselbe wie bei anderen europäischen Nationen. Nach der bekanntesten Märchenklassifikation von Aarne und Thompson könnte man es dem „Typ 510A" zuschreiben, zu dem auch das Märchen vom Aschenputtel zählt.[6] Es ist das Motiv des unschuldig verfolgten Mädchens, welches mit Hilfe übernatürlicher Kräfte die Machenschaften der feindlichen Umgebung überwindet, alle Prüfungen gut übersteht und schließlich zur Belohnung einen Königssohn heiraten darf. Im nationalhistorischen Märchen spielt die Nation die Rolle des Mädchens. Die Nachbarn (Stämme, Völker, Staaten) übernehmen die Funktionen der Stiefmutter und ihrer bösen Töchter. An die Stelle übernatürlicher Kräfte treten weitgehend mythische Faktoren, wie das so genannte nationale Schicksal, der Volksgeist, die historische Mission der Nation oder ihre Tugenden, die historische Gesetzmäßigkeit usw. Die Analogie zur Einheirat in die königliche Familie besteht im Triumph über alle vermeintlichen historischen Gegner und im Erlangen des glorreichen Zustands der Gegenwart, der sich in nächster Zukunft weiter zu verbessern verspricht.

Es war Frankreich, welches sein nationales Märchen schon lange vor der Revolution und wohl am frühesten unter den europäischen Großmächten erarbeitete und dadurch allen anderen eine Vorlage bot.[7] Das grundlegende

---

[6] Die neueste Überarbeitung dieser oft kritisierten, aber nach wie vor am weitesten verbreiteten Klassifikation der Märchentypen siehe in: *Hans-Jörg Uther*, The Types of International Folktales. A Classification and Bibliography. Based on the System of Antti Aarne and Stith Thompson. Vol. 1: Animal Tales, Tales of Magic, Religious Tales, and Realistic Tales, with an Introduction. Vol. 2: Tales of Stupid Ogre, Anecdotes and Jokes, and Formula Tales. Vol. 3: Appendices. Helsinki 2004.

[7] Die große Popularität der Universalgeschichte im 18. Jahrhundert in den Jahrzehnten etwa zwischen Vico und Schiller (mit seiner Antrittsvorlesung in Jena 1789) hat das nationale französische Bild der Geschichte nicht abgeschafft, sondern für gewisse Zeit nur etwas in den Hintergrund gedrängt.

Konzept der russischen Nationalgeschichte (welches auch heute noch weitgehend in Kraft ist) wurde Anfang des 19. Jahrhunderts im großen Werk von Nikolaj Karamzin[8] entwickelt. Das russische Märchen ähnelte dem französischen nicht nur generell, sondern auch in einigen wichtigen Einzelheiten. Russische und französische Nationalgeschichten sind geprägt von einschneidenden Zäsuren. Um dennoch Kontinuität für die eigene Geschichte zu beanspruchen, mußten diese problematischen Punkte überwunden werden. Die paßgerechte Vergangenheit existiert bekanntlich nicht von selbst. Sie muß zuerst erobert und dann für die eigenen Zwecke umorganisiert werden, nicht unähnlich einer Kolonie in Übersee. So erkennen distanzierte Beobachter durchaus die Tatsache, daß weder Merowinger noch Karolinger, geschweige denn Kelten oder Römer selbstverständlich Bestandteile der französischen Nationalgeschichte sein müssen. Die beiden fränkischen Herrscherdynastien wurden aber für das französische Geschichtsbild gewonnen, und zwar mit Hilfe des Konzepts der drei Etappen der Nationalentwicklung im Mittelalter. Zuerst habe das große Reich bestanden, das dann zerfallen sei, worauf das neue große Reich erwuchs, noch größer und eindrucksvoller als das ältere. Das zweite von diesen drei Stadien, „les temps féodaux", ist negativ konnotiert. Die positiv gewerteten Elemente sind diejenigen, denen die letztlich zwangsläufige Überwindung dieser Etappe zugeschrieben wird. Es sind dies vor allem die Kapetingerkönige mit ihrer Integrationspolitik und die Städte als Wiegen der Freiheit. Das erste positive Element wurde schon immer in diesem stark dynastisch geprägten Bild betont. Das zweite wurde erst später seit dem Aufstieg des dritten Standes akzentuiert.

Die russische (und anschließend die sowjetische) Interpretation des eigenen Mittelalters entspricht durchaus diesem Dreistufenschema. Zuerst entstand die starke und blühende Kiever Rus (in Analogie zum fränkischen Reich), die glänzende Perspektiven hatte.[9] Doch wurde die so vielversprechende Entwicklung dadurch abgebrochen, daß die Periode der „feudalen Zersplitterung" begann. Diese bedauernswerte politische Desintegration war die Voraussetzung für die Katastrophe der Tatareninvasion. Die implizite Lehre, die diese Geschichte vermitteln soll, ist evident: Solange Russen bzw. Sowjetmenschen in Eintracht handeln, sind sie unbesiegbar; Uneinig-

---

[8] Die deutsche Übersetzung: Karamsin's Geschichte des Russischen Reiches nach der zweiten Original-Ausgabe [von Carl R. Goldhammer] übersetzt. 11 Bde. Riga 1820–1833.
[9] „Die Kultur [der Kiever Rus im 10. und 11. Jahrhundert, M. A. B.] erreichte das hohe gesamteuropäische Niveau. [...] Vor der mongolo-tatarischen Invasion vollzog sich die sozial-ökonomische und kulturelle Entwicklung der russischen Länder auf demselben Niveau wie die Entwicklung anderer europäischer Länder [...]"; *Boris Rybakov* (Ed.), Istorija SSSR s drevnejšich vremën do konca XVIII veka. Moskau 1976, 91, 182. „Die Rus wurde zum Anfang des 11. Jahrhunderts zu einem der größten und mächtigsten Länder Europas"; *Alexander Preobraženskij/Boris Rybakov*, Istorija Otečestva. Moskau 2003, 42.

keit und Zwist jedoch führen zu ernsten Niederlagen und bringen das Land in die Gefahr der Versklavung oder sogar der vollständigen Vernichtung. Die in dieser Lehre verhüllte politische Botschaft lautet, daß die Nation sich um ihre Regierung zusammenschließen muß. Für die Stalinzeit bedeutete dies zugleich, daß jegliche ernstzunehmende Opposition zu beseitigen sei, weil sie die Existenz des Landes bedrohe. Diese so negativ bewertete zweite Phase wurde indessen von der guten dritten abgelöst. Noch unter der Tatarenherrschaft nahm der Prozeß der allmählichen Wiedervereinigung der russischen Länder unter Führung der Moskauer Fürstendynastie (in Analogie zu den Kapetingern) seinen Anfang. Es gelang Moskau schließlich, das Land zu befreien, den neuen starken russischen Staat zu gründen und die Grundlagen der künftigen Größe zu errichten.[10]

Mit Hilfe dieses historischen Bildes wurde die – in Wirklichkeit fragwürdige – Kontinuität zwischen dem alten Kiew und dem neuen Moskau erfolgreich hergestellt und die Legitimierung Moskaus als naturgegebenem Erben von Kiew gesichert. Eben dieser Punkt war am Beginn des Moskauer Reiches höchst brisant. Die Ansprüche des unerwarteten politischen Emporkömmlings Moskau auf die Kiewer Erbschaft, die nicht nur die Herrschaftslegitimation, sondern auch konkrete Territorien betraf, wurden von dessen bittersten Rivalen Litauen und Polen heftig bestritten. Seitdem die Ukraine und Weißrußland im 17. und 18. Jahrhundert in das Russische Reich eingegliedert wurden, verlor die Idee der historischen Kontinuität zwischen Kiew und Moskau an Brisanz, wurde aber nie ganz überflüssig. Noch die Eingliederung der Transkarpaten in die UdSSR am Ende des Zweiten Weltkriegs wurde historisch unter anderem dadurch begründet, daß dieses Gebiet einmal zur Kiewer Rus gehört hatte.

Die Komposition des russischen historischen Märchens wirkt allerdings kohärenter als die des französischen. Die echte Kulmination der traditionellen Erzählung vom französischen Mittelalter stellt der Hundertjährige Krieg dar, welcher aber aus chronologischen Gründen nicht mehr der dunklen Periode zugerechnet werden kann, sondern in die dritte Phase (die Wiederherstellung des Reiches) eingegliedert wird. Der Aufstieg hatte nämlich schon seit Ludwig VI. allmählich begonnen, wurde aber plötzlich (und für eine gute Erzählkomposition etwas unzeitig) von den Engländern in Frage gestellt. Die schwerste Tragödie der russischen mittelalterlichen Geschichte wird hingegen der zweiten ‚dunklen' Etappe zugeschrieben. Die Uneinigkeit der russischen Länder führte zu Verwüstungen durch die mongolische Eroberung und die Errichtung der Tatarenherrschaft über den Rus mit allen ihren

---

[10] Diese typische Struktur des russischen Narrativs ist gut dokumentierbar, wir greifen hier nur ein besonders eingängiges heraus. Das in der vorigen Fußnote zitierte Schulbuch von Alexander Preobraženskij und Boris Rybakov besteht aus drei Kapiteln: „Die Kiewer Rus", „Die Zersplitterung der Rus", „Die Moskauer Rus".

schwerwiegenden Folgen.¹¹ Die Aufstiegsphase war aber im Vergleich zu Frankreich geradlinig und steil. Dabei wird die Verbrennung Moskaus im Jahr 1382 durch den Khan Tohtamyš in der russischen Geschichtserzählung nicht dramatisiert, sondern eher vertuscht.¹² Der konsequente Weg bergauf wird von drei bedeutenden Meilensteinen markiert: der Kulikov-Schlacht von 1380, der Regierung Ivans III., während der 1480 endgültig das Tatarenjoch abgeschüttelt wurde, und schließlich der Eroberung des Kasaner Khanats, eines der Nachfolgerstaaten der Goldenen Horde im Jahr 1552. Diese markiert den Beginn der erfolgreichen Gegenoffensive der Russen.¹³

Dadurch verfolgen wir eine dramatische Geschichte (im Sinne einer „story"), die davon erzählt, wie aus einem erniedrigten, versklavten und verarmtem Land wie durch Zauberhand plötzlich eine spätmittelalterliche Großmacht entsteht, welche über immer neue Nachbarn und selbst über die früher unbesiegbaren Herren, die Tataren, eine unbezwingbare Dominanz ausübt.¹⁴ In dieser Darstellung ist die Andeutung enthalten, daß eine solche phantastische Verwandlung kaum ohne Einmischung der für die menschliche Vernunft unzugänglichen höheren Kräfte stattfinden konnte.

Die russische Geschichtserzählung kommt an diesem Wendepunkt allerdings ohne eine besondere historische Person aus, welche die Funktion eines nationalen Erlösers übernehmen und dadurch zur zentralen Figur der ganzen Erzählung würde. Selbst der Sieger auf dem Kulikov-Feld, der Fürst Dmitrij Donskoj, ist zwar durchaus angesehen (und sollte sogar heiligge-

---

¹¹ „Das fremde Joch, das sich für zwei Jahrhunderte etablierte, führte zur langen Degradierung in der wirtschaftlichen, politischen und kulturellen Entwicklung der russischen Länder und setzte den Anfang für den Rückstand [Rußlands] hinter den fortgeschrittenen westeuropäischen Ländern"; *Rybakov*, Istorija SSSR (wie Anm. 9), 128.
¹² „Trotz dieses Erfolges des Tatarenkhans änderte sich die Lage. Die Rus' war sich nach der Kulikov-Schlacht ihrer Kräfte bewußt. Das Volk begriff die Notwendigkeit der Vereinigung. Es entstanden die neuen Bedingungen für die Schaffung des starken, einheitlichen, russischen, zentralisierten Staates"; *Milica Nečkina/Pavel Leibengrub*, Istorija SSSR. Učebnik dlja 7 klassa. 3. Aufl. Moskau 1984, 114.
¹³ Eine tiefe Krise während der Aufschwungsphase blieb der russischen Geschichte allerdings auch nicht erspart. Diese Rolle wird den Wirren während des ersten Dezenniums des 17. Jahrhunderts zugeteilt. Aus dem damaligen Zerfall der russischen Staatlichkeit kam schließlich die neue Romanov-Dynastie hervor. Deswegen pflegte man vor 1917 die Relevanz dieser Zäsur in der russischen Geschichte stark zu betonen. Aus denselben Gründen sah sie nach 1917 etwas weniger dramatisch aus. In allen Interpretationen der russischen Geschichte stand aber diese Krise in ihren Auswirkungen auf das Schicksal des Landes dem „Tatarenjoch" wesentlich nach.
¹⁴ An dieser Stelle pflegten sowjetische Schulbuchautoren ein apokryphes Zitat von Karl Marx anzuführen. In seinen Notizen zur Weltgeschichte (welche meines Wissens nur in der russischen Übersetzung veröffentlicht wurden) soll er geschrieben haben, daß Europa „die Existenz eines zwischen Litauen und der Goldenen Horde eingeklemmten Moskauer Fürstentums früher kaum geahnt hatte", daß es „ von der plötzlichen Entstehung des überaus großen russischen Staates an seinen östlichen Grenzen" überrascht wurde. So z. B. in: *Nečkina/Leibengrub*, Istorija SSSR (wie Anm. 12), 144.

sprochen werden), aber doch keine Person von solchem Format. Im französischen historischen Märchen hat man eine solche Figur dagegen sehr deutlich gezeichnet. Es ist Jeanne d'Arc, die die „nation française" im letzten Moment vor dem sicheren Tod rettet.

Die russische Geschichte vermochte eine vergleichbare Figur weder im Mittelalter noch in den nachfolgenden Epochen zu finden. Man versuchte zwar Peter dem Großen und später Lenin oder Stalin eine solche Rolle zuzuschreiben, aber Experimente dieser Art waren bestenfalls Teilerfolge. Selbst im Fall der Figur Peters des Großen, deren Gestaltung in diesem Sinn am besten gelungen ist, hat es schon immer Stimmen gegeben, die, wie die Slavophilen, seine historische Rolle ausgesprochen skeptisch einschätzten.

Die ähnliche Aufteilung der nationalhistorischen Narrative in Frankreich und Rußland in drei Hauptkapitel ist auffallend. Sie ist weder als Zufall noch als provinzielle russische Nachahmung des musterhaften französischen „Märchens" hinreichend zu erklären.[15] Tatsächlich kommt die Organisation historischer Narrative als Triptychon recht oft in europäischen Kulturen vor. Dieser Aufbau gehört überhaupt zu den Grundfiguren der historischen Imagination.[16] Die uns so vertraute humanistisch-aufklärerische Dreiteilung der Weltgeschichte (zuerst die „gute", ja musterhafte „antiquitas", dann die „schlechte" Zwischenzeit und abschließend die immer schönere, ja glänzende „modernitas"), kann bestens als Beleg für die Neigung zur dreiteiligen Gliederung der Vergangenheit dienen.

Die auffallende Besonderheit des nationalen historischen Narrativs besteht aber darin, daß die positiven ersten und dritten Kapitel immer ausführlich dargestellt werden, im Unterschied zum Märchen, wo die glücklichen Stadien (als Aschenputtels Mutter noch lebt und als das später zur Prinzessin gewordene Aschenputtel sich zusammen mit seinem Mann auf die Regierungsübernahme vorbereitet) zur bescheidenen Rolle einer kurzen Einleitung und eines noch kürzeren Epilogs reduziert sind. Der Schwerpunkt eines Zaubermärchens besteht in der Beschreibung, wie sein Protagonist die Prüfungen übersteht.[17] Seine weitere Biographie interessiert nicht. In einem

---

[15] Zum nicht pejorativen, sondern rein instrumentellen Sinn, in welchem das Wort „provinziell" hier benutzt wird, siehe: *Michail A. Bojcov*, Symbolische Mimesis – nicht nur im Mittelalter, in: Gerd Althoff (Hrsg.), Zeichen – Rituale – Werte. Unt. Mitarb. v. Christiane Witthöft. (Symbolische Kommunikation und gesellschaftliche Wertesysteme, Bd. 3.) Münster 2004, 225-257.

[16] Über die allgemeine Neigung zur „dreiteiligen" Erfassung der Wirklichkeit siehe zuerst das klassische (wenn auch umstrittene) Werk: *Georges Dumézil*, Mythe et épopée. Vol. 1: L'idéologie des trois fonctions dans les épopées des peuples indo-européens. 5. Aufl. Paris 1986.

[17] Nicht zufällig entstand eine Theorie, der zufolge man die Hauptquelle des Zaubermärchens in den Initiationsritualen erkennen sollte; *Vladimir Propp*, Die historischen Wurzeln des Zaubermärchens. München u. a. 1987. In der modernen Literatur korrigiert man diese Meinung nur insofern, als man die hervorragende Rolle der Initiation eher für die Gestaltung des „archaischen"-Zaubermärchens betont, wobei das „entwickelte"

nationalhistorischen Märchen ist die Sache deswegen anders, weil die zentrale Figur der Erzählung von den Rezipienten eben dieser Geschichte etwas fordert. Diese Figur ist der Nationalstaat, der die Geschichte über sich selbst erzählt und sich dadurch legitimiert. Grundsätzlich kann man die dreiteilige Geschichte nicht um das Schicksal der Staatlichkeit herum, sondern entlang irgendeiner anderen Leitidee entwickeln. Die Humanisten und Aufklärer bewiesen das dadurch, daß sie ihre Metanarrative ganz den Ideen der Bildungs-, Kunst- oder Vernunftentwicklung unterordneten. Für die nationalen historischen Erzählungen erwiesen sich diese Ideen offenbar als irrelevant. Das historische Märchen mußte schon deswegen der „raison d'état" dienen, weil es einerseits aus dem französischen *dynastischen* Märchen entstanden war und andererseits den Bedürfnissen des modernen nationalen Staats diente.

Das Triptychon über das tugendreiche, aber zeitweilig ungerecht verfolgte (eigentlich nur geprüfte) Mädchen ‚Nation' bestimmt das gesamte Bild der Vergangenheit. Die Erinnerung organisiert sich um die Idee des nationalen Staates herum, welche als das allgemeine leitende Prinzip des gesamten sozialen Lebens verstanden wird. Ob man etwa im Frühmittelalter von einem wirklichen Staat sprechen darf oder nicht, ist in diesem Kontext unwichtig. Übrigens vermeiden deutsche Historiker eher, diese Bezeichnung zum Beispiel für das Ottonenreich zu verwenden, während die russischen überhaupt keine Hemmungen haben, von der Kiewer Rus als einem Staat zu sprechen. Relevant ist nur, daß der neueuropäische nationale Staat sich in die Vergangenheit zurückprojiziert und seine vermeintlichen Vorstufen dort erkennen will.

Das dreiteilige Narrativ bestimmte im 19. Jahrhundert das Gedächtnis in ganz Europa. Es beleuchtete den schon bewältigten Weg und sollte sich als durchaus geeignet erweisen, auch die Ereignisse des 20. Jahrhunderts zu erfassen. Damals begann man in vielen nationalen Traditionen auf der stabilen Basis der alten Triade eine neue aufzubauen. Es entstanden dadurch zwei von einander getrennte narrative Einheiten: Die erste handelte davon, woher wir gekommen waren, die zweite erklärte, was mit uns seitdem geschah. Auch das zweite Triptychon sieht in ganz Europa ähnlich aus. Es ging dem jeweiligen Land am Anfang gut, dann ereignete sich eine nationale Tragödie wie Eroberung, Regierungsumsturz, Revolution, Bürgerkrieg, Etablierung eines odiösen Regimes usw., welche mit großen Opfern überwunden wurde, damit man später in glücklichen Umständen leben konnte. Die Entstehung dieser zweiten Triade erklärt unter anderem, woher der Wunsch nach einer zweiten Erlöserfigur entstehen konnte, welcher zum Beispiel im französischen historischen Narrativ erfüllt wurde. Dort übernahm General de Gaulle diese Rolle

---

Zaubermärchen in Zusammenhang mit den jüngeren Hochzeitsritualen gebracht wird: *Eleazar Meletinskij,* Poetika mifa. Moskau 1995, 266f. Vgl. auch die Übersetzung: *Eleazar Meletinsky,* The Poetics of Myth. London 1998.

erfolgreich. Aus Sicht der Komposition des französischen Geschichtsbildes ist man berechtigt, de Gaulle als die zweite Jeanne d'Arc, als ihre zweite Auflage oder Reinkarnation zu betrachten. Die Verdoppelung der Erlöserfigur[18] wurde durch die Verdoppelung des Kompositionsmodells erforderlich.[19]

Die zweite Triade wurde während des 20. Jahrhunderts in vielen europäischen Ländern einige Male radikal umgestaltet. Ihren jeweiligen Wandel zu verfolgen oder gar über die Frage zu spekulieren, wann das Bedürfnis nach Konzipierung vielleicht eines dritten Triptychons aufkommen könnte (oder ist es vielleicht schon entstanden?), ist im Rahmen dieses Aufsatzes nicht möglich.

Das historische Märchen des modernen Staates ist in mehrfacher Hinsicht dramatischer als das Märchen vom Aschenputtel. Seine Protagonistin hat üblicherweise schwere Situationen zu überstehen, in denen es nicht nur um Glück, sondern um die nackte Existenz geht. Die Tiefpunkte der nationalen Geschichten sind solcher Art, daß man in ihnen die Figur des Todes leicht erraten kann. Die Nation stirbt, allerdings nicht unwiderruflich. Im Gegensatz zu Frankreich in der Zeit der feudalen Zersplitterung bzw. im Hundertjährigen Krieg oder Deutschland nach dem Ende der Stauferzeit und endgültig dem Dreißigjährigen Krieg ist der symbolische Tod Rußlands vollständig. Die fremde Eroberung lähmt die gesamten russischen Länder. Sie wird auch als Opfer für die Errettung der ganzen europäischen Zivilisation gesehen, weil es schließlich der russische Widerstand gewesen sein soll, der das Abendland vor den Mongolen gerettet hätte.[20] Dieser Tod Rußlands dauerte aber verhältnismäßig kurze Zeit, besonders im Vergleich mit dem Tod Deutschlands, welcher bis in die Napoleonzeit angedauert haben soll.

Alle drei Nationen vermochten ihren vorübergehenden Tod früher oder später auf eine wunderbare Weise zu überwinden und nicht nur wieder le-

---

[18] Zum Vergleich von Jeanne d'Arc als Erlöserfigur mit Christus selbst in der neusten Historiographie siehe z. B. *Colette Beaune*, Jeanne d'Arc. Paris 2004, 379-385.
[19] Die ganz ähnliche „zweite Triade" nahm in der Sowjetunion Gestalt an, wobei sie auch um den Zweiten Weltkrieg herum aufgebaut wurde. Beim Mangel einer Figur des Erlösers in der ersten Triade, welche mit der ersten Jeanne d'Arc in Frankreich verglichen werden konnte, fehlte eine Analoge für die zweite in der sowjetischen historischen Imagination nicht. Natürlich war ihre Rolle von Anfang an für Stalin reserviert. Seit dem Beginn der Entstalinisierung benötigte man aber einen Ersatz dafür. Allmählich, erst seit den 1970er Jahren, begann man diese Rolle dem Marschall Georgij Žukov zuzuweisen, was zur Entstehung bzw. Stärkung seines Personenkults, besonders bei den Kriegsveteranen, führte. Das Reiterdenkmal Žukovs, errichtet 1995 am Eingang zum Roten Platz, setzt seine Funktion des zweiten Erlösers öffentlich fest. Man kann aber ohne weiteres in dieser Figur eine andere erkennen, für welche diese nur als Ersatz fungiert.
[20] Diese These wird oft wiederholt. Hier nur ein Beispiel: „Dank dem Widerstand der Rus waren die Länder Westeuropas von den mongolo-tatarischen Eroberern nicht unterworfen". Und etwas später: „Darin bestand das große historische Verdienst des russischen Volkes und der anderen Völker unserer Heimat"; *Nečkina/Leibengrub*, Istorija SSSR (wie Anm. 12), 89, 99.

bendig zu werden, sondern kraftvoller als vor diesem zu sein. Hieran ist zu erkennen, daß die nationalen Narrative zumindest in einigen wichtigen Punkten nach solchen Mustern konstruiert wurden, welche noch archaischer als die Zaubermärchen sind. Sie stehen hier dem Mythos nahe, und zwar dem weit verbreiteten Mythos von einem sterbenden, aber dann auferstehenden Gott. Vor der Suche nach den Nachwirkungen der uralten Mythen sollte man indessen vielleicht zuerst überprüfen, ob es sich nicht um eine sekundäre Form handelt, welche sich erst unter dem Einfluß des Christentums gestalten konnte. Wenn letzteres der Fall wäre, würde dies bedeuten, daß der über seinen Ursprung erzählende Staat sich nicht nur als eine leidende und die Leiden überwindende Person stilisiert und sich mit einer sterbenden und wiederauferstandenen Gottheit vergleicht, sondern daß er sich letztendlich mit der durchaus konkreten Person von Jesus Christus gleichsetzt und die eigene Geschichte mit seiner Passion vergleicht.

Dieses mythologische Element im Nationalnarrativ ist auch deshalb interessant, weil die hier vorausgesetzte Gleichsetzung einer Nation mit einem sterbenden und triumphierenden Gott allgemein (oder Christus im besonderen) implizit beinhaltet, daß alle lebendigen, verstorbenen und noch nicht geborenen Mitglieder einer Nation als Körperteile dieses Gottes zu verstehen sind. Damit kommen wir überraschenderweise an den Punkt, wo sich die Topoi der historischen Imagination direkt an die Topoi der sozialen Imagination anschließen, welche sich seit je organologischer Metaphern bediente.[21]

II.

Das Sujet AaTh 510A[22] und der Mythos von einem wiederkehrenden Gott stellen beide wohl nur das Fundament für nationale Geschichten dar. Auf diesem Fundament wird zuerst ein konzeptuelles Gerüst aufgebaut, welches danach durch Details Ausschmückung erfährt. Das Gerüst der russischen mittelalterlichen Geschichte, wie wir sie jetzt kennen, entstand erst in der Nachkriegszeit. Man hat zwar für dieses Bild traditionelle narrative Elemente aus dem 19. Jahrhundert übernommen, das gesamte Konzept der russischen Vergangenheit war aber von der politischen und ideologischen Situation der späten 1940er und 50er Jahre bestimmt. Es gilt dabei vor allem zu berücksichtigen, daß die sowjetische Kultur durch die Ereignisse des Zweiten Weltkriegs traumatisiert wurde; die Folgen dieses Geschehens sind teilweise noch heute in ganz verschiedenen Bereichen spürbar. Auch die Geschichtsschreibung wurde davon entscheidend beeinflußt. Der Krieg wurde in der

---

[21] Zur Einleitung siehe: *Ernst H. Kantorowicz*, The King's Two Bodies. Princeton 1957, v. a. Kap. V, und *Tilman Struve*, Die Entwicklung der organologischen Staatsauffassung im Mittelalter. (Monographien zur Geschichte des Mittelalters, Bd. 16.) Stuttgart 1978.
[22] S. oben bei Anm. 6.

Erinnerung von zwei oder sogar drei Generationen zum Zentralereignis – und dadurch zu einem Prisma, durch welches auch die frühere Vergangenheit gesehen wurde. Diese Optik glaubte in der Menge des früher Geschehenen symbolische Figuren zu erkennen, die das Hauptereignis vorwegnahmen.

Das Verhältnis zwischen Vergangenheit und Vorvergangenheit wird in der russischen Geschichte (wie auch wohl in anderen nationalen Narrativen) hauptsächlich nach demselben Prinzip wie in der christlichen Bibelexegese geregelt. Die Ereignisse des Alten Testaments haben zwar ihren eigenen Sinn, sind aber zugleich typologische Figuren, welche auf Ereignisse des Neuen Testaments hinweisen. Auch wenn diese freilich nicht als solche expliziert werden, erkennt man in unserem Geschichtsdiskurs doch bei näherer Betrachtung mehrere Präfigurationen des „Großen Vaterländischen Krieges".

Das sowjetische historische Narrativ wurde aus naheliegenden Gründen um die Oktoberrevolution 1917 als Zentralpunkt herum aufgebaut. Die Erfahrungen der Kriegsjahre ließen es nicht zu, dieses Schema zu verwirklichen und drängten sogar die „Große Sozialistische Oktoberrevolution" in den Hintergrund. Die ursprüngliche narrative Konzeption wurde durch die neue Komposition ersetzt, nach der neben einem Kulminationspunkt plötzlich ein zweiter erschien: der „Große Vaterländische Krieg". Dieser war noch stärker emotional beladen als der erste. Auf jeden Fall sind die beiden Episoden die wichtigsten Knotenpunkte, an denen alle Linien des russischen Geschichtsnarrativs zusammentrafen und an denen sie ihren letzten Sinn erhielten. Erst das Licht, das diese zwei Hauptereignisse retrospektiv in die Vergangenheit zurückwarfen, verdeutlichte die Rolle dieser oder jener Episode im Drama der Nationalgeschichte.[23]

Die Präfigurationen der Oktoberrevolution im sowjetischen Metanarrativ sind in Beschreibungen der Konflikte zwischen den oberen und unteren Klassen der mittelalterlichen, aber besonders der frühneuzeitlichen Gesellschaft zu erkennen. In der postsowjetischen Zeit ist diese Denkform wesentlich weniger auffällig. Die Präfigurationen des „Großen Vaterländischen Krieges" sind dagegen weiterhin dieselben geblieben, wobei sie bis in die Antike zurückreichen. So werden die Kriege zwischen dem Persischen Reich und den altgriechischen Poleis im Sinne des heldenhaften Kampfes

---

[23] In seiner Rolle als Schlüsselereignis verblieb der Zweite Weltkrieg in der sowjetischen Vergangenheitsvorstellung fast fünfzig Jahre lang ohne jede Konkurrenz. Weder die partielle Entstalinisierung und Liberalisierung des Regimes um 1960 noch die ersten sensationellen Erfolge in der Erforschung des Weltalls, geschweige denn die unspektakulären Ereignisse der langen Brežnev-Epoche vermochten das Geschichtsbild wesentlich zu beeinflussen. Erst die Erschütterungen von *Perestrojka* und *Postperestrojka* machten einen so starken Eindruck auf die sowjetische und postsowjetische Kultur, daß sie wohl die Rolle des konzeptuellen Zentrums übernehmen werden, um das herum sich die neue Fassung der russischen Geschichtserzählung konstruieren lassen wird.

für politische Unabhängigkeit angesichts der brutalen Invasion fremder Gegner verstanden.[24]

Speziell im Mittelalter findet man eine ganze Reihe solcher Präfigurationen. Auch viele Beschreibungen des „Tatarenjochs" rufen Assoziationen mit dem Krieg gegen Nazideutschland hervor, was schon auf der semantischen Ebene zu erkennen ist. Redewendungen wie etwa „die überaus schwere Last der fremden Besatzung" oder aber „die längst erwartete Befreiung von der fremden Okkupation" gehörten ursprünglich zum politischen und publizistischen Diskurs und wurden erst später in die Lehrbücher zur mittelalterlichen Geschichte integriert. Dabei ist die bekannteste unter den mittelalterlichen Präfigurationen des Zweiten Weltkriegs die sogenannte Eisschlacht auf dem Peipussee von 1242. Deutschen Historikern (selbst vielen Mediävisten) ist die Eisschlacht, wenn überhaupt, nur aus dem expressionistischen Film „Alexander Nevskij" von Sergej Eisenstein bekannt. In der russischen historischen Imagination wurde diese Schlacht (welche kaum etwas mehr als eine mittelmäßige Auseinandersetzung an der Grenze zwischen Livland und dem Pskover Land gewesen sein konnte, wie viele andere davor und danach) jedoch fast auf das Niveau eines kosmischen Zusammenstoßes zwischen den Kräften des Guten und des Bösen erhoben. Der vermeintlich spektakuläre Sieg des Nowgoroder Fürsten über die Ritter des Deutschen Ordens[25] wurde noch im Ersten Weltkrieg erfolgreich zu Propagandazwecken benutzt. Während des Zweiten Weltkriegs griff Stalin auf viele alte ideologische Erfindungen und Klischees des gestürzten Russischen Kaiserreiches zurück; so wurden unter anderem auch die Figur Alexander Nevskijs und sein Sieg über die deutschen Angreifer erneut auf den Schild gehoben.

In der Komposition des russischen Geschichtsnarrativs kommt dieser Schlacht deshalb eine Schlüsselrolle zu, weil sie eine symbolische Antwort auf die Frage nach dem Verhältnis Rußlands (in allen seinen historischen Inkarnationen) zum Westen gibt. Diese Frage wird nur verhältnismäßig selten etwa in Schulbüchern offen aufgeworfen, ist aber fast immer zwischen den Zeilen präsent. Der Westen steht als das wichtigste Vergleichskriterium vor Augen, wenn Einschätzungen formuliert werden. Unter dem Westen werden dabei keinesfalls die westlichen Nachbarn Rußlands (Litauen, Polen, Ungarn usw.) verstanden, sondern vor allem Frankreich und England, wesentlich seltener die deutschen Länder und kaum Italien oder Spanien. Alle an-

---

[24] Zur gleichen Zeit wurde dieselbe historische Episode etwa in den westdeutschen Schulbüchern auf eine andere Weise akzentuiert. Hier ging es vor allem um den erfolgreichen Widerstand der kleinen, aber freien und demokratischen Städte der riesigen, aber schwer beweglichen asiatisch-barbarischen Despotie.

[25] Es ist wahrscheinlicher, daß diese unglücklichen Kämpfer eher dem Bischof von Dorpat als dem Orden unterstanden; für das traditionelle russische Geschichtsbild sind aber solche Distinktionen zu fein, als daß man sie berücksichtigen müßte.

deren Himmelsrichtungen spielten für die Legitimation im russischen Narrativ eine untergeordnete Rolle. Selbst Byzanz erscheint nur am Rande des russischen historischen Universums, was bei nichtrussischen Historikern ständig großes Erstaunen verursacht.

Die Schlacht auf dem Peipussee impliziert eine besondere Vision des Westens (von den „deutschen Kreuzrittern" und dem militanten Katholizismus[26] repräsentiert) als Quelle potentieller Gefahr. Worin aber genau diese Gefahr besteht, wurde verschieden definiert. Vor der Revolution 1917 symbolisierte diese Schlacht, daß Rußland als ein Schirmherr der Slawenwelt fungierte, der sich gegen die herandrängenden Wellen des Germanentums unter Mühe und Opfern zu verteidigen hatte. Während des Zweiten Weltkriegs ging es auf dem Eis des Peipussees selbstverständlich um den (zuerst nur erwünschten, später aber sich immer deutlicher abzeichnenden) Sieg der Sowjetunion über Nazideutschland. In der Nachkriegszeit schien das Ereignis von 1242 zu beweisen, wie tief in der Geschichte die Aggressivität nicht nur im Deutschland Hitlers, sondern auch in dem Adenauers als der Speerspitze des NATO-Blocks verwurzelt ist. Der Weltimperialismus war demnach durchaus imstande, einen neuen Krieg gegen die Sowjetheimat und ihre natürlichen Verbündeten (diesmal allerdings nicht als Slawen, sondern als die Länder der „sozialistischen Gemeinschaft" definiert) auszulösen; doch die Erinnerung an Alexander Nevskij und die von ihm begründete Tradition des Widerstands waren im Sowjetvolk nach wie vor lebendig, was die Vorhaben der neuen Aggressoren aussichtslos machten.

Anfang des 21. Jahrhundert wirkt diese Botschaft vor dem Hintergrund des ausgesprochen guten Verhältnisses zu Deutschland anachronistisch; die Schlacht auf dem Peipussee wird aber nach wie vor pathetisch nacherzählt. In letzter Zeit erfährt sie allerdings eher eine antikatholische als eine antideutsche Interpretation.[27] Das Moment der konfessionellen Polemik ist in der Erzählung von dieser Schlacht zwar von Anfang an (das heißt seit der Zeit um 1300, als die Vita des Fürsten Alexander entstand) vorhanden gewesen; wegen der massenhaften (wenn auch nur oberflächlichen) Christianisierung großer Gruppen ehemaliger Sowjetmenschen einerseits und wegen der ständigen Auseinandersetzungen zwischen der russisch-orthodoxen Kirche und dem Heiligen Stuhl andererseits wird sie aber seit kurzem wieder be-

---

[26] Die auf dem Peipussee geschlagenen Deutschen werden in der russischen historischen Imagination immer als Kreuzritter apostrophiert. Oft werden die Kreuzzüge aber als hauptsächlich päpstliche Unternehmungen und die Ritterorden als Instrumente dieser päpstlichen Expansionspolitik interpretiert.

[27] „Der Orden hatte als Folge von Alexander Nevskijs Sieg [...] auf seine aggressiven Pläne den russischen Ländern gegenüber zu verzichten. Der Sieg über die Kreuzritter hatte aber auch eine weitere Bedeutung: Er machte den Versuchen ein Ende, der Rus den Katholizismus aufzuzwingen." *Leonid Kacva/Andrej Jurganov*, Istorija Rossii VIII–XV vv. Moskau 1993, 135.

sonders stark betont. Das Vordringen des Katholizismus ins mittelalterliche Osteuropa wird als Bedrohung für die gesamte slawisch-orthodoxe, aber besonders für die russische nationale Kultur wahrgenommen und als solche mit dem „Export der sogenannten demokratischen Ideologie" neuerlich mit immer wachsendem Nachdruck parallelisiert.

Durch diese Akzentverschiebung ist die symbolische Kraft der Peipussee-Schlacht wesentlich gesunken. Als Präfiguration des Widerstandes gegen den Nazismus war Alexander Newskij allgemein willkommen, als Verteidiger gegen die NATO war der Nowgoroder Fürst von der Mehrheit der Sowjetmenschen auch akzeptiert (wenn auch mit weniger Enthusiasmus); als Gegner von Vatikan, Straßburg, Brüssel und den Haag schrumpft der Nationalheld aber auf das Niveau einer Parteifigur. Obwohl die antiwestliche Partei im öffentlichen Leben des modernen Rußlands eine durchaus starke Position hat, macht sie nur einen Teil des politischen Spektrums aus. Es ist daher zu erwarten, daß die Gegenpartei der dem Westen aufgeschlossenen Liberalen auch Bemühungen unternehmen wird, die Eisschlacht von 1242 von ihrem bisherigen zentralen Platz im Bild des russischen Mittelalters zu verdrängen und sie ihrer symbolischen Bedeutung weitgehend zu berauben.[28] Es ist allerdings zu bezweifeln, daß sie in der nächsten Zeit schon dafür genügende Kraft finden wird.

Wenn die Erzählung über die Schlacht auf dem Peipussee in der Struktur des russischen historischen Narrativs das Grundproblem „Rußland und der Westen" repräsentiert, spielte die Kulikov-Schlacht von 1380[29] eine ähnliche Rolle für das Verhältnis zum Orient. Die Symmetrie war indessen unvollkommen, weil das „westliche" Problem immer wieder neu gestellt, betrachtet und bearbeitet wurde. Dagegen hat das einst so ernsthafte Problem mit dem Orient inzwischen als völlig gelöst gegolten und schien nur noch für die Antiquare der Nationalgeschichte geeignet.

Sowohl das Russische Kaiserreich als auch die Sowjetunion betrachteten sich als den wesentlichen (in der Perspektive vielleicht als den entscheidenden) Teil der europäischen Zivilisation. In dieser Rolle war Rußland dem Orientalischen in all seinen Ausprägungen immer entgegengesetzt. Die Kiever Rus sei eine europäische Macht gewesen, nicht schlechter als alle anderen, vielleicht sogar besser als diese. Sie hatte aber unter dem ständigen Druck der orientalischen Nomaden zu leiden und mußte ihnen schließlich unglücklicherweise unterliegen. Der Orient in Gestalt der Mongolen siegte und errichtete eine etwa zweihundertjährige Herrschaft über Rußland. Die nachfolgende „asiattschina" (das heißt das Asiatische im pejorativen Sinn)

---

[28] Siehe dazu vor allem: *Igor' Danilevskij*, Ledovoe poboišče: smena obraza, in: Otečestvennye zapiski 5, 2004, 28–39.
[29] Zur russischen Mythographie dieser Schlacht siehe vor allem *Andrej Petrov*, Mamaevo poboišče, in: Rodina 9, 2005, 67–73 mit weiterführender Literatur.

in der russischen Geschichte, so heißt es, sei aus dieser dunkeln Epoche herzuleiten. Die Fürsten Dmitrij Donskoj und Iwan III. beseitigten zwar 1380 und 1480 die direkte politische Oberherrschaft dieses so verstandenen Asiatentums, aber noch Peter der Große habe die dadurch verursachte Rückständigkeit bekämpfen müssen. Daher haben fast alle späteren Entwicklungsprobleme Rußlands ihre letzten Ursachen in der Epoche der mongolischen Unterdrückung.

Dieser Lesart zufolge müssen die Russen die ‚orientalischen' Wurzeln ihrer Probleme ausrotten, weil diese den Fortschritt ihres Landes bremsen, vom zeitgenössischen Orient aber drohte dagegen im Rahmen der traditionellen historischen Erzählung keine Gefahr mehr. Nach der dramatischen Wende, der Eroberung Kazans 1552, bliebe den orientalischen Völkern und Kulturen nach diesem Verständnis nichts anderes übrig als sich ins Russische Reich integrieren zu lassen, um dort glücklich zu werden. Diese Integration verliefe von selbst und brächte der historischen Populärliteratur gemäß keine ernsthaften Schwierigkeiten mit sich, sei es im 17., sei es im 19. Jahrhundert. Man zählte mit einer gewissen Befriedigung, wie viele neue Quadratkilometer oder wie viele Tausende von Untertanen das Russische Reich nach dieser oder jener Kampagne erwarb, bedachte aber nie, ob diese Neuerwerbungen eventuell auch ihrerseits Einfluß auf die Metropole nehmen könnten. Die unbegrenzte Fähigkeit des russischen Staates, orientalische Kulturen allmählich zu „zivilisieren", das heißt zu europäisieren, war in der russischen Geschichtserzählung stets zwischen den Zeilen erkennbar.

Die ersten Risse in diesem harmonischen Bild entstanden schon in sowjetischer Zeit, weil es mit der deklarierten Nationalpolitik unvermeidlich in Widerspruch treten mußte: Warum mußten etwa die Tataren, welche sogar ihre eigene Republik innerhalb der Russischen Föderation haben, unbedingt den spektakulären Sieg des russischen Fürsten Dimitrij Donskoj über das tatarische Heer auf dem Kulikov-Feld feiern? Man hat einige Auswege aus diesem historisch-politischen Labyrinth vorgeschlagen. Sie stützten sich auf die Idee, daß die heutigen Tataren nicht von den schlecht angesehenen Mongolo-Tataren eines Dschingis Khan und Batu, sondern von den Wolga-Bulgaren abstammten, welche selber genau wie die Russen unter der Herrschaft der ihnen so fremden Mongolen zu leiden gehabt hätten.

Diese Kompromißlösungen vermochten aber nur bis in die Zeit um 1990 und nur mehr oder weniger effizient zu funktionieren. Nach der politischen Wende in der Sowjetunion begann die Leitung der ölreichen Republik Tatarstan danach zu streben, sich aus ihrer Abhängigkeit von Moskau zu lösen, wobei sie sogar mit dem Austritt aus der Russischen Föderation drohte. Seitdem wurde dort die frühere offizielle Distanzierung vom mittelalterlichen Khanat der Goldenen Horde durch die nicht weniger offizielle historisch-symbolische Identifikation damit ersetzt (die Figuren von mongolischen Khanen verfügen in vielen östlichen Kulturen dies- und jenseits der russischen Staatsgrenze über eine starke legitimierende Kraft). Dadurch entstand ein Widerspruch zwischen den föderalen, in Moskau geschriebenen Geschichtsschulbüchern und den regionalen, welche vor allem in Tatarstan, aber auch in anderen Gebieten Rußlands, wo es tatarische Nationalschulen gibt, verbreitet sind. In einer Moskauer Darstellung hätte man den Zerfall der Goldenen Horde niemals so beweinen können, wie es heutzutage in einer tatarischen geschieht:

„Der Zusammenbruch der früher mächtigen und einheitlichen Goldenen Horde [...] geschah als Ergebnis einer ganzen Reihe von schwerwiegenden objektiven und subjektiven Ursachen [...] Unter diesen Ursachen, welche zum endgültigen Zerfall des ehemals mächtigen und blühenden Staates der Goldenen Horde führten, sind die folgenden unbestreitbar: zwei der größten Naturkatastrophen [...], die furchtbaren Überfälle Tamerlans, welche zur Vernichtung der Masse der Produktivkräfte, zur Zerstörung der größten Städte und anderer sehr reicher Kulturzentren führten, [...] die Stärkung der Rus mit ihren häufigen Einmischungen in die Angelegenheiten der Goldenen Horde (die Kulikov-Schlacht und andere politische Aktionen) und schließlich ein völlig unbegründeter interner Zwist. [...] Die tragische Geschichte der Goldenen Horde, eines der größten Zentren der Weltzivilisation, ruft uns zu Frieden, Eintracht und Geschlossenheit auf."[30]

Dieses Zitat sei angeführt, um zu belegen, daß die früher durchaus unproblematische Ostachse des russischen Geschichtsbildes jetzt zu einer neuen Krisenzone geworden ist und daß dadurch das ganze Set historischer Symbole versagt.[31] Die traditionelle großrussische Interpretation der Vergangenheit kann nicht mehr dazu dienen, den Staatsverband nach wie vor zu integrieren. Das System der symbolischen Referenzen gerät in Konflikt mit anderen symbolischen Systemen, welche innerhalb derselben Staatsgemeinschaft schneller oder langsamer entstehen. Die tatarische Version ist hier nur als ein (allerdings schon gut entwickeltes) Beispiel unter anderen angeführt. Mit anderen Worten: Man hat begonnen, eigene historische Märchen zu erzählen, in denen neue (von einem früheren Standpunkt aus gesehen) recht überraschende, selbst odiöse Protagonisten hervortreten. Die böse Stiefmutter des russischen Narrativs, die Goldene Horde, erscheint in dieser neuen Interpretation in der Rolle des Aschenputtels, wobei das Böse umgekehrt durch die Rus verkörpert wird. Das Khanat besetzt in der neutatarischen historischen Erzählung denselben ehrenhaften Platz, den die Kiewer Rus in der russischen oder die Karolinger in der französischen eingenommen hatten. Es symbolisiert die positive, musterhafte, aber leider verlorene „antiqui-

---

[30] *Ravil' Fachrutdinov*, Istorija tatarskogo naroda i Tatarstana (Drevnost' i srednevekov'e). Kazan 2000. Zitiert nach der Publikation auf der Internet-Seite www.tataroved.ru.
[31] Mit welcher Verzögerung die jüngste russische Geschichtsschreibung auf die Herausforderung der stürmischen Gorbatschow- und Jelzin-Epoche reagierte, wie lange sie sich bemühte, die Tiefe der geschehenen Krise vor sich selbst zu verstecken, versuchte ich anderswo zu zeigen: *Michail A. Bojcov*, Vorwärts zu Herodot! Zum Selbstverständnis russischer Historiker heute, in: Rechtshistorisches Journal 20, 2001, 351–378.

tas".³² Die nachfolgende Etappe muß demnach zwingend als die schlechte Zeit beschrieben werden. Der dritte, glückliche Teil des Triptychons hat eben erst begonnen oder wird in der allernächsten Zukunft beginnen. Wenn ein Gott aus der Nationalgeschichte einmal in der Vergangenheit gestorben ist, muß er zwangsläufig früher oder später auferstehen.

Man kann nicht behaupten, das russische historische Hauptnarrativ würde auf diese neuen Erscheinungen überhaupt nicht reagieren. Die langsame Bewegung ostwärts ist sowohl im russischen historischen Massenbewußtsein als auch auf dem Niveau der mehr oder weniger offiziellen Geschichtsschreibung schon längst spürbar. Die Neigung, die russische Geschichte als etwas weniger europäisch und etwas mehr asiatisch zu stilisieren, ist sogar modern geworden und wird von politischen Kräften stark gefördert. Diese langsame Enteuropäisierung der russischen nationalen Geschichte kann hier indessen nicht mehr im Detail erörtert werden.³³ Es ging hier vielmehr darum, mit Hilfe weniger ausgewählter Beispiele zu demonstrieren, daß die Poetik des traditionellen russischen historischen Märchens veraltet wirkt, daß ihre symbolischen Referenzen nicht mehr funktionieren und daß sie ihre integrative Rolle damit verfehlen. Die Hauptachsen oder wichtigsten Sujetslinien der russischen Geschichte verloren ihre ehemalige Klarheit und überzeugende

---

[32] Die Struktur der tatarischen Geschichtserzählung ist in diesem Punkt allerdings komplizierter, denn die einführende gute Etappe besteht aus zwei verschiedenen Stufen. Die erste ist das alte Wolga-Bulgarien, und erst als die zweite erscheint die glorreiche Goldene Horde. Daß die Grundstruktur der heutigen tatarischen Nationalgeschichte in vielen Aspekten eine Verkehrung der russischen Geschichte ist und in dieser Hinsicht von der letzteren morphologisch abhängig, liegt auf der Hand und braucht hier nicht eigens nachgewiesen zu werden.

[33] Dazu: *Michail A. Bojcov*, Die Mediävistik in Russland an der Schwelle des neuen Jahrhunderts, in: Hans-Werner Goetz/Jörg Jarnut (Hrsg.), Mediävistik im 21. Jahrhundert. Stand und Perspektiven der internationalen und interdisziplinären Mittelalterforschung. (MittelalterStudien, Bd. 1.) München 2003, 41–54, hier 50–52. Zur ständigen, aber nicht immer expliziten Gleichsetzung der Prozesse in Rußland mit dem Abendland als einem wichtigen Thema der russischen Geschichtsschulbücher siehe *Michail A. Bojcov*, Dalla rivoluzione mondiale al dominio degli ambienti culturali? La rappresentazione dell'Europa nei testi scolastici russi di „storia mondiale", in: Falk Pingel (Ed.), Insegnare l'Europa. Concetti e rappresentazioni nei libri di testo europei. Turin 2003, 345–368, hier 354–355. Vgl. auch: *Vera Kaplan*, Alla ricerca di un cammino verso l'Europa. La dimensione europea nei testi di storia del XX secola della Russia, in: ebd. 369–400.

[34] Noch vor wenigen Jahren waren die Aussichten auf eine solche Hochzeit offensichtlich wesentlich besser als heute: Man schrieb (etwa in Schulbüchern zur Geschichte) mit großer Überzeugung von „Demokratie", „Rechtsstaat" und selbst vom „Eintritt in die zivilisierte Welt" wie von einer Sache, die unmittelbar bevorstehe. Z. B.: „Nach dem Zusammenbruch des totalitären Sozialismus in der UdSSR und in Osteuropa [...] entstand eine solche Situation zum ersten Mal, als fast die ganze Weltgemeinschaft auf der Grundlage der Anerkennung der grundlegenden Bedeutung der Marktwirtschaft und der liberalen Demokratie vereinigt wurde"; *Alexander Kreder*, Novejšaja istorija, XX v. Moskau 1996, 289. Jetzt sind ähnliche Motive zwar auch gelegentlich zu hören, sie klingen aber gedämpft und eher förmlich. Die bevorstehende (oder gar schon geschehene) glückliche

Kraft, die historischen Identifikationsmuster sind unscharf geworden. Hängt dies vielleicht damit zusammen, daß momentan nirgendwo eine glückliche Heirat mit einem Prinzen in Aussicht steht?[34]

Heirat beflügelt aber dagegen die Autoren der historischen populären Literatur in den Ländern des ehemaligen sozialistischen Lagers. Ihre neuen historischen Metanarrative sind im Kontrast zum russischen vollkommen und poetisch abgerundet: Die dritte Phase des vollen Glückes nach der langen Periode der äußerst negativen Erfahrungen ist natürlich mit dem Beitritt in die Europäische Union und die NATO verbunden.

„Multiple Middle Ages" – konkurrierende Meistererzählungen und der Wettstreit um die Deutung der Vergangenheit*

Von

Patrick J. Geary

Die Essays meiner Kollegen haben gezeigt, wie Metanarrative unser Denken über das Mittelalter gestalten bzw. mißgestalten. Klaus Grubmüller beispielsweise widmete sich den Wegen, auf denen die rhetorischen Modelle „Jahreszeiten" bzw. „Lebensalter" die deutsche Literaturgeschichte strukturiert, verzerrt und eingeschränkt haben. Thomas Haye wies die Implikationen verschiedener Strategien nach, die ‚Geschichte' der mittelalterlichen lateinischen Literatur zu fassen – so etwa ihre ideologischen Beziehungen zur Moderne und zum ‚nationalen' Denken. Walter Pohl zeigte, wie die maßgeblichen Erzählungen vom frühen Mittelalter seit 1945 allmählich aufhörten, reine Ursprungserzählungen im Hinblick auf Ethnien, Sozialstrukturen und Religionen zu sein und dem Interesse am ‚archaischen' Frühmittelalter Platz machten – dem Negativklischee einer zeitlos traditionalen Gesellschaft, bei dem die Meistererzählungen vom Aufschwung der „Western Civilization" ihren Anfang nehmen konnten. In meinem Schlußbeitrag möchte ich noch einmal auf die allgemeineren Fragen zu sprechen kommen, die Frank Rexroth in seiner Einführung aufgeworfen hat. Ich möchte fragen, was angesichts der jüngeren Kritik an der Moderne aus den Metaerzählungen geworden ist, die unsere Historiographie während der vergangenen Jahrzehnte organisiert haben.

Wie bereits in den besagten drei Beiträgen angedeutet wurde, läßt sich die Frage nach Metanarrativen in der Mediävistik nicht angemessen stellen, wenn man nicht zuvor die eigentümlich untergeordnete Position der mittelalterlichen Geschichte innerhalb der Meistererzählungen von der Moderne betrachtet. Von Anbeginn war das Mittelalter als Epoche ein Produkt von Menschen gewesen, die sich selbstbewußt als „moderni" ansahen und die kein besonderes Interesse an der Zeit ‚dazwischen' – zwischen zwei viel bedeutenderen und wertvolleren Epochen – hatten.[1] Immer schon war das Mittelalter (in den Worten des amerikanischen Mediävisten Lee Patterson) für die nachmittelalterliche Welt eine Gegenfolie gewesen, „one of the primary sites of otherness by which it has constituted it-

---

* Übersetzt von Frank Rexroth und Katharina Behrens.
[1] Zum „medievalism" und seiner Beziehung zur Moderne R. Howard Bloch/Stephen G. Nichols, Medievalism and the Modernist Temper. Baltimore 1996.

self."² Constantin Fasolt ging kürzlich sogar noch weiter und behauptete, daß sich moderne Konzepte so radikal von mittelalterlichen unterschieden, daß letztere den Menschen der Moderne letztlich unverständlich seien: „It may be impossible to fold into plain history without abolishing the conditions to which historians owe their existence."³

Horst Fuhrmann hat darauf hingewiesen, daß mittelalterliche Menschen gemäß den Vorstellungen ihrer Zeit in einem ganz anderen Wortsinn in einem ‚mittleren Zeitalter' lebten, nämlich zwischen der Fleischwerdung Christi und dem Jüngsten Gericht.⁴ Diese Vorstellung hat jedoch für die Entstehung und den Gebrauch des Epochenkonzepts seit dem siebzehnten Jahrhundert keine Rolle gespielt. Seit den Zeiten eines Christoph Cellarius hat dieses Konstrukt sowohl eine Lücke als auch einen Mangel bezeichnet, einen Zustand der Defizienz, der sich folglich nur durch die Antithese zu den fundamentalen Werten dessen bestimmen ließ, was ihm voranging und was die „moderni" wiedergewinnen und vollenden sollten. Bei diesen Fundamentalwerten handelte es sich um die Rationalität und den Fortschritt, mithin um die Entdeckung des Individuums und der ‚äußeren' Welt – um Werte, die angeblich zunächst im Italien der Renaissance geltend gemacht werden konnten, und zwar dadurch, daß man sich dank der Wiederaneignung der Antike von allem Unmodernen (also der Welt des Mittelalters) befreite. Als Jacob Burckhardt schrieb, daß sich Italien „frei von zahllosen Schranken, die anderwärts den Fortschritt bestimmten", der Entdeckung der äußeren Welt zugewandt habe⁵, meinte er mit jenen zahllosen Fesseln die Kennzeichen des Mittelalters – notwendige Übel, mit denen man sich einen Reim darauf machen konnte, warum der Fortschritt der Moderne so lange auf sich hatte warten lassen, und mit deren Hilfe man die Renaissancemenschen zu Heroen stilisieren konnte.

War das Metanarrativ, das die Moderne definierte und zugleich die Mittel zu ihrem Verständnis bereitstellte, vornehmlich durch ‚Fortschritt' und ‚Verstand' bestimmt, dann stand das Mittelalter für entsprechende Gegenbegriffe: für eine traditionale, irrationale Welt, in der man sich weder für die

---

² *Lee Patterson*, Critical Historicism and Medieval Studies, in: ders. (Ed.), Literary Practice and Social Change in Britain, 1380–1530. Berkeley 1990, 2. In eine breitere Diskussion von ‚medievalisms' und Moderne wird diese Sichtweise eingebracht in *Gabrielle Spiegel/Paul Freedman*, Medievalisms Old and New. The Rediscovery of Alterity in North American Medieval Studies, in: American Historical Review 103, 1998, 677–704, hier 678.
³ *Constantin Fasolt/Allan Megill/Gabrielle M. Spiegel,* The Limits of History. An Exchange, in: Historically Speaking 6, 2005/5, 5–17, hier 6. Ich danke meiner Kollegin Gabrielle Spiegel dafür, daß sie mich auf Fasolts Arbeit aufmerksam gemacht hat und allgemeiner für ihre Kommentare zu einem früheren Entwurf dieses Textes.
⁴ *Horst Fuhrmann*, Einladung ins Mittelalter. München 1987, 15f.
⁵ *Jacob Burckhardt*, Gesamtausgabe. Bd. 5: Die Kultur der Renaissance in Italien. Ein Versuch. Hrsg. v. Werner Kaegi. Stuttgart 1930, 202.

Veränderbarkeit des Menschen (an Individualität glaubte man ohnehin kaum) noch für die der materiellen Welt interessierte. Seit Burckhardts Zeiten hat man das Projekt ‚Moderne' verfeinert und nuanciert, doch im wesentlichen beruht es nach wie vor auf den beiden Werten ‚Fortschritt' und ‚Rationalität', die vorgeblich in der Renaissance erstmals wirkten und die in der Aufklärung ihren Zenit erreichten. Die alles überspannende Meta-Erzählung der Neuzeit betraf die Ausbreitung der politischen, ökonomischen und kulturellen Hegemonie Europas über die ganze Welt, die Entwicklung der modernen Wissenschaft, die Befreiung des Individuums und schließlich der Bildung des liberal-demokratischen Staates.

Aus der Perspektive des ‚Unternehmens Moderne' taugte das Mittelalter bei dieser Erzählung lediglich als Negativfolie – als ein Gegenbild, gegen das man sich positionieren konnte. So blieben den Mediävisten drei Möglichkeiten, ihre eigene Meta-Erzählung vom Mittelalter zu konstruieren. Die erste Möglichkeit war, alle Periodisierungen abzulehnen, die dem Mittelalter einen Eigenwert zubilligen. Von ihr hat man mindestens in den vergangenen 50 Jahren immer wieder Gebrauch gemacht. Anstatt die Epoche von, sagen wir: der Absetzung des Usurpators Romulus Augustulus 476 bis zum Fall Konstantinopels 1453 (oder wahlweise bis zu Kolumbus' Reise in die Neue Welt 1492 oder zum Beginn der italienischen Kriege 1494 oder gar Luthers Thesenanschlag 1517) als eine Epoche zu betrachten, die aus ihren eigenen Bedingungen heraus zu verstehen ist, hat man sich für eine lange Spätantike bis um 800[6] (oder gar bis um 1000[7]) stark gemacht. In diesem Sinne haben andere die Unterscheidung zwischen Mittelalter und Früher Neuzeit als künstlich erachtet und sich für das Konzept „Alteuropa" ausgesprochen, eine Ära vom 11. bzw. 12. Jahrhundert bis zur Französischen Revolution. Würden beide Vorschläge zugleich allgemein anerkannt, dann würde das Mittelalter vollständig verschwinden! Doch auch wenn sie noch so gut zu den Details des sozialen, kulturellen, wirtschaftlichen und politischen Lebens im weiten Feld europäischer Geschichte passen, so haben sie doch in den wissenschaftlichen Publikationen, in der Organisation der Lehre oder in den Epochenkonzepten von Laien wie Experten fast keine Resonanz gefun-

---

[6] So etwa *Henri Pirenne*, Mahomet und Karl der Große. Untergang der Antike am Mittelmeer und Aufstieg des germanischen Mittelalters (frz. 1937). Frankfurt am Main 1963. Pirenne stützte sich dabei auf die Ansicht, daß sich die grundlegenden Strukturen der mediterranen Weltwirtschaft bzw. der Kultur erst mit den islamischen Eroberungen veränderten.

[7] *Guy Bois*, Umbruch im Jahr 1000. Lournand bei Cluny – ein Dorf in Frankreich zwischen Spätantike und Feudalherrschaft. Stuttgart 1993. Bois meinte, daß die für die Antike so grundlegende Wirtschaftsweise mit Sklaven bis zum Ende des 10. Jahrhunderts fortbestand. Aus einer gänzlich anderen ideologischen Perspektive *Jean Durliat*, Les finances publiques de Diocletien aux Carolingiens (284–889). Sigmaringen 1990. Er behauptet, daß die fiskalischen (und damit institutionellen) Systeme der Spätantike so, wie sie unter Diokletian entstanden waren, vor 889 nicht verändert wurden.

den. Das ist auch kaum überraschend. Mediävisten mögen Experten für die Vormoderne sein, aber ob sie dies wollen oder nicht, so sind sie doch fest in ihrer Gegenwart verwurzelt und teilen die Anliegen (wenngleich nicht notwendigerweise die Schlußfolgerungen) ihrer Kollegen, die mit der Moderne befaßt sind. Wir Mediävisten scheinen des ‚Mittelalters' ebenso sehr zu bedürfen wie die Neuzeithistoriker.

Die zweite Möglichkeit innerhalb des Paradigmas von der Moderne, die den Mediävisten zur Verfügung stand, war eine Erzählung, die die Alterität der Zeit von 500 bis 1500 gegenüber den Zeiten davor und danach bestätigt. Die Betonung der Andersartigkeit des Mittelalters führte einerseits zu einer positiven Bewertung mittelalterlicher Religion, Kultur und Gesellschaft, andererseits aber auch zu ihrer Herabsetzung. Seit dem neunzehnten Jahrhundert erschien das Mittelalter religiösen wie areligiösen Wissenschaftlern als das ‚verlorene Paradies' der westlichen Zivilisation. Romantiker und weltmüde Reaktionäre, die der Klassengesellschaft, der Industrialisierung und der Entzauberung der modernen Welt zu entfliehen suchten, sahen im Mittelalter eine Zeit voller Harmonie ländlichen Lebens, von Glauben und sozialer und kultureller Ausgeglichenheit. Nach der Veröffentlichung der Enzyklika „Aeterni Patris" durch Papst Leo XIII. im Jahr 1880, die die Untersuchung der mittelalterlichen Philosophie (insbesondere des Thomas von Aquin) forderte, versuchten viele römisch-katholische Gelehrte, die mittelalterliche Philosophie nicht als zeitgebundenes System, sondern als angemessene Alternative zu zeitgenössischen philosophischen Strömungen wiederzubeleben.

Diese positive Bewertung mittelalterlicher Alterität als einer Alternative zur Moderne ist der aktuellen Mittelalterforschung keineswegs verlorengegangen. Zahlreiche jüngere Forschungen zum deutschen Mittelalter suchen nicht mehr nach Herrschafts-‚Systemen', klagen auch nicht mehr über das Irrationale an der mittelalterlichen Königsherrschaft. Vielmehr haben sie sich gänzlich auf den liturgischen Charakter des Königtums und die Ritualität der sozialen und politischen Strukturen konzentriert. Auch ist in der feministischen „Gender"-Forschung versucht worden, das frühe im Vergleich zum späten Mittelalter oder der Zeit danach zumindest als Zeit der größeren Toleranz und Offenheit gegenüber Frauen, Homosexuellen und anderen Minderheiten darzustellen.

Doch meistenteils haben sich die Forscher, die sich für die Alterität des Mittelalters interessierten, in der Vergangenheit und der Gegenwart auf die negativen Aspekte dieser Andersartigkeit konzentriert. So wie Jacob Burckhardt dies im 19. Jahrhundert anregte, beschränkte sich bei früheren Generationen die Suche nach dem ‚Wesen' des Mittelalters auf Aberglauben und religiösen Zwang, auf den Ritualismus und die Magie im Bereich der Kultur; im wirtschaftlichen Bereich auf Subsistenzwirtschaft, eingeschränkte Kommerzialisierung und das Fehlen landwirtschaftlichen Fortschritts; in der Politik schließlich auf feudale Kontrolle statt Teilhabe an der Herrschaft. In jüngerer Zeit hat die Faszination, die die mittelalterliche Alterität auslöst, das hervorgebracht, was Gabrielle Spiegel und Paul Freedman als Rückkehr zum dunklen Bild der Epoche bezeichnet haben: „to the tradition of the grotesque, intolerant character of the epoch, a dark irrationality that popular opinion never quite abandoned but that in scholarship marks a radical turn in contemporary historical approaches."[8] Spiegel und Freedman schrieben diese Zeilen im Jahr 1998. Die beliebtesten Themen der amerikanischen Gegenwartsmediävistik, so Spiegel und Freedman, seien „death, pus, contamination, defilement, blood, abjection, disgust, and humiliation, castration, pain and autopsy".[9]

Die dritte Möglichkeit, die die Metaerzählung von der Moderne den Mediävisten eröffnete, war der Versuch zu demonstrieren, daß das Mittelalter (genau wie die Moderne selbst) Teil des Narrativs von Rationalisierung und Befreiung sei, das die Moderne für sich beanspruchte. Ebenso wie bei der Vorstellung von der Alterität des Mittelalters, generierte auch diese ‚progressive' Tradition sowohl eine positive als auch eine negative Perspektive in der Mediävistik. Am besten bekannt sind die progressiven, das Mittelalter organisch einbeziehenden Darstellungen der europäischen Staatskunst und des Rechts. Sie konzentrieren sich vor allem auf die Monarchien Frankreich und England, die von früheren Historiker-Generationen als Quelle des modernen Staates, insbesondere des Verfassungsstaates, angesehen worden waren. Insbesondere in England und in Nordamerika war diese Tradition stark, dort galt die Aufmerksamkeit der bedeutendsten Mediävisten jahrzehntelang der mittelalterlichen ‚Staatskunst'. Seit den 1920er Jahren suchte man hier die mittelalterlichen Ursprünge des modernen Staates nachzuweisen – die Entwicklung der Bürokratie, der unpersönlichen Herrschafts- und Rechtsinstrumente, die Vorstellung von Souveränität und, in den Worten Joseph R. Strayers, „a shift in loyalty from family, local community, or religious organization to the state and the acquisition by the state of a moral authority to back up its institutional structure and its theoretical legal supremacy".[10] Letzteres nahm man vielleicht am wichtigsten. In denjenigen Gebieten Europas, in denen sich am Ende des Mittelalters keine zentralisierten Staaten herausgebildet hatten (zu nennen wären insbesondere Italien und Deutschland), wirkte diese Fortschrittsgeschichte doch immerhin als Negativfolie. Man fragte sich, warum diese Entwicklungen hier ausblieben, so daß sich das Versagen Deutschlands und Italiens auf dem Weg zur Nation wie eine Schattenseite des glänzenden Bildes vom Fortschritt in Frankreich und England ausnahm.

---

[8] *Spiegel/Freedman*, Medievalisms Old and New (wie Anm. 2), 693.
[9] Ebd. 699f.
[10] *Joseph R. Strayer*, On the Medieval Origins of the Modern State. Princeton 1970, 9.

Doch die Fortschrittsgeschichte des Staates war nur ein Bereich, in dem Mediävisten die Meistererzählung von der Moderne akzeptierten, indem sie zugleich versuchten, sie für das Mittelalter zu übernehmen. Seit dem frühen 20. Jahrhundert haben Wirtschaftshistoriker wie Henri Pirenne, Gino Luzatto und später auch Robert Lopez die Ursprünge der modernen Wirtschaft und des Kapitalismus im 11. und 12. Jahrhundert untersucht. Die Ursprünge der okzidentalen Stadtkultur, die Entstehung einer Schicht von Händlern, Kreditsysteme, Versicherungen, die Banken und der Wechsel, die Einschränkung persönlicher Haftung, neue Navigationstechniken, Innovationen im Schiffsbau – sie alle hat man als Beleg dafür angeführt, daß die Anfänge des siegreichen (und letztlich weltumspannenden) europäischen Wirtschaftssystems im Mittelalter und nicht in der Renaissance oder der Frühen Neuzeit beheimatet sind. Wie auch im Bereich der politischen Geschichte, so machten Mediävisten damit von der Meta-Erzählung der Moderne Gebrauch und datierten ihren Beginn einfach um einige Jahrhunderte zurück.

Nicht weniger als Politik- und Wirtschaftshistoriker haben sich auch Kulturhistoriker darum bemüht, diese Fortschrittserzählung für sich nutzbar zu machen. Das zentrale Motiv, das dabei ausschlaggebend war, war die Suche nach ‚Renaissancen'. Ging man davon aus, daß Jacob Burckhardts Renaissance die Neuzeit erst definiert hatte, so nutzten Generationen von Mediävisten diesen Begriff für ihre eigenen Untersuchungszeiträume. Die vermutlich wichtigste, die sich auch am längsten halten konnte, war Charles Homer Haskins' „Renaissance des 12. Jahrhunderts" von 1927. Seitdem sind auch andere mittelalterliche Renaissancen ins Spiel gebracht worden, darunter die „northumbrische Renaissance", die „karolingische Renaissance" und die sogenannte „Renaissance des 10. Jahrhunderts" – ganz zu schweigen von den vielen byzantinischen Renaissancen: der „makedonischen'" oder der „paläologischen".[11] Ähnliche Versuche, die „Entdeckung des Individuums" als den Eckstein der Modernität für das Mittelalter zu reklamieren, haben so unterschiedliche Forscherpersönlichkeiten wie Colin Morris und Aaron Gurjewitsch unternommen. In dem Maß, in dem sich die Geisteswissenschaften zunehmend Phänomenen der Textualität und der Kommunikation zuwandten, haben mehr und mehr Forscher in Europa und Nordamerika schließlich im Mittelalter den Übergang von oraler zu schriftlicher Kultur, von der Erinnerung zur Aufzeichnung und von rituell-archaischen zu ‚modernen' Formen der Buchführung und Dokumentation gesucht.[12]

Seitdem in jüngerer Zeit die Vorstellung von der Moderne als einer Fortschrittsgeschichte fragwürdig geworden ist, hat sich eine andere, negative

---

[11] Vgl. *Warren T. Treadgold* (Ed.), Renaissances before the Renaissance. Cultural Revivals of Late Antiquity and the Middle Ages. Stanford 1984.
[12] Zum Thema „Entdeckung des Individuums" siehe *Colin Morris*, The Discovery of the Individual, 1050–1200. New York 1972; *Aaron Gurjewitsch*, Das Individuum im europäischen Mittelalter. München 1994; und letztlich *Caroline Walker Bynum/Susan R. Kra-*

Variante von der progressiven Metaerzählung entwickelt, die das Mittelalter an die Moderne bindet. Diese entwickelt sich nämlich immer mehr zu einer Erzählung von der schrittweisen Verfeinerung von Institutionen und Kulturen der Intoleranz, der Repression und Gewalt. Im Jahr 1980 veröffentlichte John Boswell sein Buch über „Christianity, Social Tolerance and Homosexuality", in dem er ausführte, daß nicht die Wurzeln der Freiheit, der Individualität und der Bürgergesellschaft im Mittelalter lägen, sondern vielmehr die der Intoleranz, der Verfolgung und der Diskriminierung, die noch unsere heutige Welt durchdringen.[13] Dies war nur die erste einer Reihe von Studien, von denen die bekanntesten Robert Ian Moores „The Formation of a Persecuting Society"[14] in Großbritannien und Dominique Iogna-Prats „Ordonner et exclure"[15] sein dürften, die die mittelalterliche Welt zwar in der Tat als Wiege der Modernität betrachteten, die jedoch die Moderne jetzt nicht mehr durch Fortschritt definierten, sondern durch zunehmend verfeinerte und gründlichere Mechanismen und Ideologien des Totalitarismus, der Ausgrenzung und der Verfolgung. Der Weg zur Moderne führte nun nicht mehr zur Aufklärung oder zur liberalen Demokratie, sondern nach Auschwitz.

Es war eher diese Herausforderung an die Meistererzählung von der Moderne als die selbstreferentielle Dynamik historisch-mediävistischer Studien, die die Rückkehr zu den negativen und beunruhigenden Varianten der Metanarrative vom ‚Fortschritt' bzw. von der ‚Alterität' bewirkt haben. Spiegel und Freedman haben diesen Wandel auf drei Tendenzen der jüngeren Mittelalterforschung zurückgeführt: auf das Aufkommen der feministischen und der „Gender"-Forschung, auf den Widerspruch gegen die positivistischen Gewißheiten im Hinblick auf die universelle Gültigkeit humanistischer Ideale und letztlich auf den ‚linguistic turn', der Dokumente als ‚Texte' statt wie früher als ‚Quellen' erscheinen läßt und der das Geschäft des Historikers vom Erzählen der Vergangenheit zum Studium von Texten mit fraglicher Referenz auf einer außerlinguistischen Wirklichkeit verschoben hat.

---

mer, Revisiting the Twelfth-Century Individual: The Inner Self and the Christian Community, in: Gert Melville/Markus Schürer (Hrsg.), Das Eigene und das Ganze. Zum Individuellen im mittelalterlichen Religiosentum. Münster 2002, 57–85. Von der Entwicklung der Mündlichkeit zur Schriftkultur *Michael T. Clanchy*, From Memory to Written Record, England 1066–1307. 2. Aufl. Oxford 1993; *Brian Stock*, The Implications of Literacy. Written Language and Models of Interpretation in the Eleventh and Twelfth Centuries. Princeton 1983; *Hagen Keller/Klaus Grubmüller/Nikolaus Staubach* (Hrsg.), Pragmatische Schriftlichkeit im Mittelalter. Erscheinungsformen und Entwicklungsstufen. (Münstersche Mittelalter-Schriften, Bd. 65.) München 1992.

[13] *John Boswell*, Social Tolerance and Homosexuality. Gay People in Western Europe from the Beginning of the Christian Era to the Fourteenth Century. Chicago 1980.
[14] *Robert I. Moore*, The Formation of a Persecuting Society. Oxford 1987.
[15] *Dominique Iogna-Prat*, Ordonner et exclure. Cluny et la société chrétienne face à l'hérésie, au judaïsme et à l'islam 1000–1150. Paris 1998.

Vieles spricht für diese Sichtweise, doch im großen und ganzen rühren die Widersprüche, die während der vergangenen Jahre gegen die Metaerzählungen vom Mittelalter vorgebracht wurden, weniger von den Interna mediävistischer Forschung her als von der grundsätzlichen Ablehnung des Paradigmas ‚Moderne'. Dafür kann man zwei intellektuelle Traditionen verantwortlich machen, die miteinander verwandt sind. Deren erste, die am häufigsten diskutiert wurde, besteht in der Herausforderung, die von der postmodernen Sprachtheorie ausging; die zweite (die wohl die gewichtigere ist) wird von Historikern vertreten, die die europäische Geschichte von einer außereuropäischen Perspektive aus betrachten, sei es intellektuell, sei es geographisch.

So wie die ursprüngliche Entwicklung des Konzepts ‚Mittelalter' innerhalb des Diskurses über die Moderne stattfand, so war auch dessen Dekonstruktion die direkte Folge einer rigorosen Ablehnung der Moderne. Seit den fünfziger Jahren des vergangenen Jahrhunderts entwickelten Intellektuelle – zunächst in Frankreich und Deutschland, erst sehr viel später in Nordamerika – ein breites Variationsspektrum von Post-Modernismen, die, in welcher Form sie auch immer auftraten (als struktureller oder poststruktureller Postmodernismus, als linguistischer Postmodernismus, als Dekonstruktivismus etc.), den verlorenen Glauben an eine gesicherte Wahrheit teilten und entsprechend negierten, daß Sprache die Fähigkeit besitze, Realität abzubilden. Das Konzept der Modernität mit all seinen Implikationen war die Zielscheibe dieser radikalen Kritik. Theoretiker der Postmoderne jeglicher Couleur lehnten a priori alle metahistorischen Erzählungen ab, alle Einheits-Geschichten und jegliches Narrativ, das den Anspruch erhob, die gegenwärtige oder vergangene äußere Welt darzustellen. Oder in den Worten Ernst Breisachs:

„Sie [die Vertreter der Postmoderne, P. J. G.] erachteten schon die Annahme einer umfassenden und universalen Geschichte als große und gefährliche Illusion und führten als Belege die Hegemonien, die Regimes und Tyranneien des 20. Jahrhunderts an. Jede große Konzeptualisierung von Geschichte war zurückzuweisen. Die wahre Alternative war nicht, alternative weitreichende Zusammenhänge herzustellen und deren universelle Gültigkeit und verbindliche Wahrheit zu unterstellen, da dies doch nur neue Hegemonie, Tyrannei und Unterdrückung hervorbringen würde."[16]

Unter einem solchen Blickwinkel betrachtet, wird aus der Frage nach Metanarrativen im Prinzip eine Frage nach der rhetorischen Dimension von Geschichtsschreibung. Es gehe bei Geschichte gerade nicht – wie insbesondere Hayden White in seinen Arbeiten unterstellte – um die Vergangenheit, die sich jeder Erkenntnis entzieht; ihre Narrative seien determiniert durch die Begrenztheit der Sprache selbst. Geschichte verliert somit vollständig ihre Referentialität, und ihre Narrative sind nichts weiter als Formeln in den Dis-

---

[16] *Ernst Breisach*, On the Future of History. The Postmodernist Challenge and its Aftermath. Chicago 2003, 23 f.

kursen der Macht oder des Begehrens. Aus der dekonstruktivistischen Perspektive sind alle Meistererzählungen, mögen sie vom Anbruch der Moderne oder der Entwicklung der Verfolgungsgesellschaft, von „death, pus, and contamination" oder von der „Renaissance des 12. Jahrhunderts" handeln, gleichermaßen hoffnungslos von der Vergangenheit getrennt: Sie sind dazu verurteilt, auf ewig im Gefängnis der Sprache zu verbleiben.

Die Zunft der Historiker ist den überaus radikalen epistemologischen Thesen der Postmoderne entweder rundheraus mit Ablehnung begegnet, oder aber sie hat sie verformt bzw. modifiziert: Man akzeptierte zwar die filternde Funktion von Texten, verwahrte sich jedoch dagegen, daß dem Forscher einzig und allein der Text zugänglich wäre. Tatsächlich blieb ihnen nicht viel anderes übrig, wenn sie Historiker bleiben wollten: Die radikalsten Behauptungen des Poststrukturalismus zu akzeptieren hieße, nicht nur die Geschichte selbst aufzugeben, sondern alle Versuche, Aussagen über die Welt zu machen. Daher war die Wendung der praktizierenden Historiker gegen Derrida, gegen Baudrillard oder Lyotard derjenigen ähnlich, mit der der Lexikograph, Schriftsteller und Gelehrte Samuel Johnson auf den idealistischen Philosophen George Berkeley reagierte. Dieser hatte die Existenz einer materiellen Welt außerhalb des Verstandes geleugnet, Johnson hatte daraufhin an einen Baumstumpf getreten und gerufen: „*So* widerlege ich Herrn Berkeley!" Trotzdem haben Historiker von dieser Kritik stark profitiert. Als ein Berufsstand sind sie über die Art ihres Gegenstandes eher im klaren: über die linguistischen Begrenzungen ihrer Quellen, über die subjektive Rolle des Historikers bei der Wiedergabe der Vergangenheit und der Beziehung zwischen historischen Narrativen – sowohl der Vergangenheit als auch der Gegenwart – und über ihre Rolle als Machtinstrumente. Schließlich bedeutet die Fähigkeit, die Vergangenheit zu beschreiben, notwendigerweise den Anspruch auf die Kontrolle der Bedeutung von Vergangenheit.[17]

Hat die Herausforderung, die von der Postmoderne ausging, auch zu einem genaueren Verständnis von den Begrenztheiten narrativer Entwürfe geführt, so kam sie doch von außerhalb der Historie und hat daher nur selten Debatten darüber anregen können, welchem der Metanarrative, mit denen die Mediävisten ihre Geschichten verfertigen, welches spezifische Verdienst zukommt. Die eigentliche Herausforderung für die mediävistischen wie ‚modernistischen' Meistererzählungen ging von Historikern aus, deren vorrangiges Interesse außerhalb der europäischen Geschichte zu suchen ist.

Diese Gruppen von Historikern, die man vage als ‚Postkolonialisten', ‚subaltern historians' oder ‚Universalhistoriker' bezeichnet hat, sprechen bis

---

[17] Die Historikerin, die am meisten mit der Kritik der Postmoderne beschäftigt ist, ist nicht zufällig eine Erforscherin von Erzählstrategien in mittelalterlicher Geschichtsschreibung: Gabrielle M. Spiegel untersucht die Implikationen postmoderner Theorie. *Gabrielle M. Spiegel*, The Past as Text. The Theory and Practice of Medieval Historiography. Baltimore 1997.

zu einem gewissen Grad die gleiche Sprache wie die traditionellen Historiker: Sie sind damit befaßt, Erzählungen von der Vergangenheit zu konstruieren, die historischen Wandel erklären. Da sie jedoch durch den Poststrukturalismus dafür sensibilisiert sind, daß historische Narrative Machtinstrumente sind, und auch dadurch, daß sie sich auf Gebiete und Personen konzentrieren, die eindeutig von den Meistern und den Meistererzählungen von der Moderne dominiert wurden, versuchen sie die Gültigkeit aller dieser Metaerzählungen zu untergraben, indem sie Europa und seine Erzählung von der Moderne aus dem Zentrum der Geschichte entfernen. Sie bieten Alternativen zur Geschichte der Moderne an – jener Geschichte, die die Europäer auch in einer weitgehend passiven außereuropäischen Welt so sehr als die treibenden Kräfte schildert. Meiner Meinung nach ist dies eine noch grundsätzlichere Herausforderung als die anderer Postmodernismen, da sie nicht nur eine Kritik an der dominierenden Metaerzählung über die Beziehung zwischen der Gegenwart und der Vergangenheit darstellt, sondern – was noch wichtiger ist – Alternativen bietet zu den Erzählungen, die die Historiker Europas seit den Tagen Herodots geschaffen haben.

Seit dem 5. vorchristlichen Jahrhundert hieß an der Geschichte teilzuhaben an der europäischen Geschichte teilzuhaben. Völker mit Geschichten zu versorgen bedeutete sie in die letztgültige Meistererzählung einzubinden – in dieser imaginierte man die zivilisierte Welt als ein Kontinuum griechischer und römischer Geschichte, in das Andere (die man als Barbaren charakterisierte, wie Walter Pohl gezeigt hat) integriert werden mußten, um an der Geschichte überhaupt teilhaben zu können. Die Meistererzählung von der Moderne änderte diese Formel nicht grundlegend: Die Geschichte von der Expansion der europäischen Zivilisation in der Welt leistete im Hinblick auf ihre narrative Substanz dasselbe wie die Berichte von der Migration der „Barbaren" nach Europa am Ende der Antike – nur daß hier die Barbaren nicht nach Europa gelangten, sondern umgekehrt Europa zu den Barbaren kam.

Die Erforscher der postkolonialen Welt und die „subaltern historians" schulden dem Poststrukturalismus und dem Marxismus viel, insbesondere Michel Foucaults Diskursanalyse und Antonio Gramscis Behandlung von Hegemonie und Dominanz. Doch anstatt den Versuch historischer Rekonstruktion aufzugeben oder sich einen Diskurs zu eigen zu machen, der genuin uneuropäisch ist, untergraben sie den Diskurs der ‚westlichen' Kolonialgeschichte mit dem Ziel, „to rectify the elitist bias characteristic of much research and academic work". So Ranajit Guha, der Begründer der „subaltern studies".[18] Obwohl es sich bei dieser Ausrichtung ursprünglich um eine Bewegung innerhalb der Südasien-Studien gehandelt hat, hat man ihre An-

---

[18] *Ranajit Guha* (Ed.), Subaltern Studies. Vol. 1. Delhi u. a. 1982, VII; *Gyan Prakash*, Subaltern Studies as Postcolonial Criticism, in: American Historical Review 99, 1994, 1475–1490, hier 1477.

liegen auch in die Erforschung Afrikas, Lateinamerikas, Ostasiens und Europas übernommen.

Führende Figuren des „subaltern movement" begeistern sich schlicht für die Dekonstruktion jeglicher Metaerzählung und sind eher Exegeten Derridas als Historiker. Andere, wie beispielsweise Sanjay Subrahmanyam, glauben weiterhin an die Bedeutung größerer, organisierender und erklärender Narrative, dasjenige von der Moderne eingeschlossen. Sie versuchen jedoch, in Subrahmanyams Worten, „to delink the notion of modernity from a particular European trajectory (Greece, Classical Rome, the Middle Ages, the Renaissance, and thus ‚modernity') and to argue that it represents a more or less global shift with many different sources and roots, and – inevitably – many different forms and meanings depending on what society we look at it from".[19]

Solch ein Zugang korrespondiert mit dem der Dekonstruktivisten, denn er dekonstruiert die Gültigkeit der dominierenden Erzählungen mit ihrer Konzentration auf ‚westliche' Akteure und geht gegen das Schweigen vor, mit dem innerhalb der Meistererzählungen die Stimme der Nicht-Europäer bedacht wird. Zugleich geht diese Herangehensweise über den reinen Dekonstruktivismus hinaus, indem sie andere Narrative anbietet. Kurz gesagt: Ohne die Hegemonie ‚westlicher' Macht zu bestreiten und ohne der Illusion zu erliegen, daß man den dominierenden Diskurs durch den der Beherrschten ersetzen könnte, wird der Erzählung widersprochen, die ganz auf diese Machtbeziehung konzentriert ist und mit der diese mithin gerechtfertigt wird. Die Folge davon ist, wie Dipesh Chakrabarty es ausdrückt, die ‚Provinzialisierung Europas' – das heißt die Unterminierung der ‚Modernisierungs'-Erzählung.[20]

Wenn die Historie der postkolonialen Welt im Sinne der poststrukturellen und der marxistischen Kritik an der welthistorischen Mission der Europäer Europa ‚provinzialisiert', dann gilt das für die Universalgeschichte unter einem anderen Blickwinkel auch. Man muß nicht unbedingt die Möglichkeit historischer Repräsentation und Argumentation verwerfen, um die Frage zu stellen, ob die ‚Geschichte' mit Europa bzw. dem ‚Westen' beginnen muß.

Insbesondere im Bereich der Wirtschaftsgeschichte hat eine Generation von Historikern, die vor allem in asiatischer Geschichte ausgebildet wurde, begonnen, nicht allein die Geschichte Asiens, sondern die Beziehungen zwi-

---

[19] *Sanjay Subrahmanyam*, Connected Histories. Notes toward a Reconfiguration of Early Modern Eurasia, in: Modern Asian Studies, Special Issue Vol. 31/3: The Eurasian Context of the Early Modern History of Mainland South East Asia 1400–1800. Cambridge u. a. 1997, 735–762, hier 737.
[20] *Dipesh Chakrabarty*, Provincializing Europe. Postcolonial Thought and Historical Difference. Princeton 2000. Vgl. *ders.*, Postcoloniality and the Artifice of History. Who speaks for ‚Indian' Pasts?, in: Representations 37, 1992, 1–26; *Prakash*, Postcolonial Criticism (wie Anm. 18), 1489.

schen Asien, Nord- und Südamerika und Europa seit dem fünfzehnten Jahrhundert zu untersuchen. Die Ergebnisse bedrohen die traditionelle europäische Erzählung vom westlichen Partikularismus nicht weniger, als es die der Postkolonialisten tun. So wendet sich etwa Ken Pomeranz, der bekannteste aus der Gruppe der Universalhistoriker, in seinem Buch „The Great Divergence" gegen das gesamte Spektrum europäischer Metaerzählungen, die in der Struktur der europäischen Kultur und Gesellschaft zu einem bestimmten vergangenen Zeitpunkt, sei es nun das Mittelalter oder die Renaissance, das Geheimnis hinter Europas Aufstieg zur Weltherrschaft sehen wollen. Noch bis weit ins achtzehnte Jahrhundert hinein, so Pomeranz, sei Europa im Bereich der agrarwirtschaftlichen Effizienz, dem Grad an sozialer Organisation, der Bevölkerungsdichte, der Konsumgüter und der Technologie unterentwickelt und weniger ‚zivilisiert' gewesen als die großen Königreiche und Imperien im östlichen Eurasien, von den Osmanen bis zum Iran, nach Indien, China und Japan.[21] Die Kluft, von der Pomeranz spricht, trat nicht aufgrund irgendwelcher intrinsischer Eigenschaften der europäischen Kultur auf (also etwa aufgrund versteckter Dynamiken, deren Wurzeln von Historikern noch entdeckt werden müßten), sondern aufgrund der glücklichen Entdeckung von Kohlevorkommen in England und Europas zufälligem Zugang zu den Rohstoffen Nord- und Südamerikas. Von einem solchen Blickwinkel aus erscheint die interne Suche nach einer ‚inneren' Ursache für Europas Einzigartigkeit so fruchtlos wie die Jagd nach dem eigenen Schatten.

Die Auswirkungen der postkolonialen Geschichte und der Weltgeschichte sind für die Geschichte des Mittelalters ebenso verheerend wie für die Geschichte der Moderne – zumindest so lange, wie Mediävisten sich innerhalb der Paradigmen bewegen, die ihnen das ‚Unternehmen Moderne' zugewiesen hat. Es gibt jedoch Alternativen – Alternativen, die für die Mediävistik ähnlich befreiend sein könnten wie für die Geschichte Indiens.

Wenn die Metaerzählung von der europäischen Sonderstellung hinterfragt und als Herrschaftsdiskurs analysiert werden kann, so wird gleichzeitig sichtbar, daß diese Dominanz nicht nur – geographisch gesehen – die Erzählung alternativer Geschichten vom Rest der Welt und – soziologisch gesehen – alternative Geschichten von Frauen, Minderheiten und den Unterschichten unterdrückt hat. Chronologisch gesehen hat sie auch alternative Geschichten von der Zeit vor der Moderne – wann immer man diese beginnen lassen möchte – verhindert. Die Vormoderne kann somit mit der Postmoderne gemeinsame Sache machen. Was könnten die praktischen Folgen davon sein? Zunächst würden wir weniger die Einzigartigkeit der westlichen oder europäischen Zivilisation betonen und uns somit von der Notwendigkeit befreien, biologische Metaphern wie die von Geburt und Ursprung zu benut-

---

[21] *Ken Pomeranz*, The Great Divergence. China, Europe, and the Making of the Modern World Economy. Princeton 2000.

zen, von denen Klaus Grubmüller und Walter Pohl gesprochen haben. Zumindest könnten wir folgern, daß ‚der Westen' und ‚Europa' für das Denken der Historiker den falschen geographischen Maßstab bieten. Wenn es uns gelingt, die Vorstellungen vom europäischen Exzeptionalismus abzustreifen, dann können wir uns mit den aufkommenden Versuchen besser anfreunden, die Geschichte Eurasiens zu schreiben; Beispiele sind Robert Moores Buch über „The Birth of Europe as a Eurasian Phenomenon"[22] oder Janet Abu-Lughods „Before European Hegemony"[23], ein Panorama Eurasiens im 13. Jahrhundert. Zumindest werden wir vielleicht all die unfruchtbaren Versuche hinter uns lassen können, Unterschiede zwischen der islamischen, byzantinischen und lateinischen Kultur essentialistisch zu begreifen, anstatt ihre Interdependenz anzuerkennen. Auch sollten wir nicht zögern, die Epochengrenzen zu überschreiten. Als Menschenfresser, die wir nach Marc Bloch nun einmal sind, sollten wir bereit sein, unsere Beute über die imaginären Grenzen sowohl der Antike als auch der Neuzeit hinweg zu verfolgen. Diese Art der Grenzüberschreitung wird heute bereits immer stärker praktiziert – an der Grenze zur Antike beispielsweise von Walter Pohl, am Übergang zur Frühen Neuzeit von Frank Rexroth.

Andererseits kann es uns vielleicht gelingen, essentialistische Narrative zu vermeiden – wie diejenigen, die davon handeln, wie Deutschland zu Deutschland wurde, Frankreich zu Frankreich und die Italiener zu Kapitalisten. Statt dessen könnten wir mehr auf die sub-nationale Ebene historischer Untersuchungen achten und verstärkt das betreiben, was Robert Darnton kürzlich als Ereignis-Analyse – „incident analysis" – bezeichnet hat: „Focus on an incident, relate it as a story, and then follow its repercussions through the social order and even, in some cases, across successive periods of time".[24] Solche Mikroanalysen vermögen Metanarrative wohl effektiver zu hinterfragen als viele andere Instrumente – dadurch, daß sie die Besonderheit des einzelnen Ereignisses und seiner Narrative betonen und sie dazu benutzen, die Meistererzählung zu prüfen (statt umgekehrt diese zum Werkzeug für das Verständnis des Ereignisses und seiner Erzählungen zu machen). Auch können wir dann verstärkt auf alternative Metaerzählungen achten, wie sie von der feministischen Forschung entwickelt wurden: Dort wurde schon früh auf die Ähnlichkeiten zwischen der Unterdrückung von Frauen im Spiegel mittelalterlicher Texte und von indischen ‚subalterns' aufmerksam gemacht.[25]

---

[22] *Robert I. Moore*, The Birth of Europe as a Eurasian Phenomenon, in: Modern Asian Studies, The Eurasian Context (wie Anm. 19), 583–601.
[23] *Janet L. Abu-Lughod*, Before European Hegemony. The World System A.D. 1250–1350. Oxford 1989.
[24] *Robert Darnton*, It Happened One Night, in: The New York Review of Books, 24. Juni 2004, 60–64, hier 60. Ich danke Courtney Booker für den Hinweis auf diese Arbeit.
[25] Vgl. *Mary C. Erler/Maryanne Kowaleski* (Eds.), Gendering the Master Narrative. Women and Power in the Middle Ages. Ithaca 2003.

Vielleicht werden sowohl Mediävisten als auch Neuzeitler, wenn sie erst einmal aus der Gefangenschaft in der Metaerzählung von der Moderne befreit wurden, wieder das sein können, was sie von Anfang an hätten sein sollen: einfach Historiker.

Autorenverzeichnis

Doz. Dr. *Michail A. Bojcov*, Lomonossov-Universität Moskau, Fakultät für Geschichte, Lehrstuhl für Geschichte des Mittelalters, Leninskie Gory, 119992 Moskau; wichtige Publikationen: (hrsg. mit Otto Gerhard Oexle): Bilder der Macht in Mittelalter und Neuzeit. Byzanz – Okzident – Russland. Göttingen 2007.

Prof. Dr. *Patrick J. Geary*, Department of History, University of California, Los Angeles 6265 Bunche Hall, Los Angeles CA 90095-1473; wichtige Publikationen: Furta Sacra: Thefts of Relics in the Central Middle Ages. 2. Aufl. Princeton 1991; Phantoms of Remembrance: Memory and Oblivion at the End of the First Millennium. Princeton 1994. Europäische Völker im frühen Mittelalter. Zur Legende vom Werden der Nationen. Frankfurt am Main 2002.

Prof. Dr. *Klaus Grubmüller*, Universität Göttingen, Seminar für Deutsche Philologie, Käte-Hamburger-Weg 3, 37073 Göttingen; wichtige Publikationen: Vocabularius Ex quo. Untersuchungen zu lateinisch-deutschen Vokabularen des Spätmittelalters. München 1967; Meister Esopus. Untersuchungen zu Geschichte und Funktion der äsopischen Fabel im Mittelalter. München 1977; Novellistik des Mittelalters. Märendichtung. Herausgegeben, übersetzt und kommentiert. Frankfurt am Main 1996; (hrsg. mit Georg Braungart, Jan-Dirk Müller, Friedrich Vollhardt, Klaus Weimar und Harald Fricke): Reallexikon der deutschen Literaturwissenschaft. 3 Bde. BerlinNew York 1997-2003; (hrsg. mit Markus Stock): Geld im Mittelalter. Wahrnehmung – Bewertung – Symbolik. Darmstadt 2005; Die Ordnung, der Witz und das Chaos. Eine Geschichte der europäischen Novellistik im Mittelalter. Tübingen 2006.

Prof. Dr. *Thomas Haye*, Universität Göttingen, Zentrum für Mittelalter- und Frühneuzeitforschung, Lehrstuhl für Lateinische Philologie des Mittelalters und der Neuzeit, Humboldtallee 19, 37073 Göttingen; wichtige Publikationen: Das lateinische Lehrgedicht im Mittelalter. Leiden 1997; Oratio. Mittelalterliche Redekunst in lateinischer Sprache. Leiden 1999; Lateinische Oralität. Gelehrte Sprache in der mündlichen Kommunikation des hohen und späten Mittelalters. Berlin 2005; Die Mutineis des Francesco Rococciolo. Ein lateinisches Epos der Renaissance. Hildesheim 2006.

Prof. Dr. *Oliver Huck*, Universität Hamburg, Musikwissenschaftliches Institut, Neue Rabenstraße 13, 20354 Hamburg; wichtige Publikationen: Die Musik des frühen Trecento. Hildesheim 2005; Von der Silvana zum Freischütz. Die Konzertarien, die Einlagen zu Opern und die Schauspielmusik Carl Maria von Webers. Mainz 1999.

Prof. Dr. *Walter Pohl*, Institut für Österreichische Geschichtsforschung, Universität Wien, Karl-Lueger-Ring 1, 1010 Wien, ist auch Direktor des Instituts für Mittelalterforschung der Österreichischen Akademie der Wissenschaften; wichtige Publikationen: Die Awaren. München 1988; Die Germanen. München 2000; Werkstätte der Erinnerung – Montecassino und die langobardische Vergangenheit. Wien 2001; Die Völkerwanderung. Stuttgart 2002.

Prof. Dr. *Frank Rexroth*, Universität Göttingen, Seminar für Mittlere und Neuere Geschichte, Platz der Göttinger Sieben 5, 37073 Göttingen; wichtige Publikationen: Deutsche Universitätsstiftungen von Prag bis Köln. Köln 1992; Das Milieu der Nacht. Obrigkeit und Randgruppen im spätmittelalterlichen London. Göttingen 1999; Deutsche Geschichte im Mittelalter. München 2005, 2. Aufl. 2007.

www.ingramcontent.com/pod-product-compliance
Lightning Source LLC
Chambersburg PA
CBHW050910300426
44111CB00010B/1465